INTRODUÇÃO AOS MEIOS DE PAGAMENTO

COORDENAÇÃO
Roberto Sanches Defendi

Introdução aos Meios de Pagamento

Adriana Felippe Pereira . Altair L. Ribeiro . Andrew dos Santos Barros . Claudia Maria de Andrade Ribeiro .
Daniela Maria Lopes Nery . Francisco L. B. Medina . Karen Costa Bianco . Leandro Gomes da Silva .
Luiz Claudio dos Santos . Maria Helena Cardoso . Roberto Sanches Defendi

Copyright © Roberto Sanches Defendi, 2023. Todos os direitos reservados.

EDITORES: Laerte Lucas Zanetti e André Assi Barreto
COORDENADOR DE PRODUÇÃO: Laerte Lucas Zanetti
CAPA, DIAGRAMAÇÃO E PROJETO GRÁFICO: Spress
IMAGEM DE CAPA: Shutterstock. Stock Imagem vetorial ID: 1479551771, Colaborador Yncoly Art.
IMAGEM DA SEGUNDA ORELHA: Shutterstock. Stock Imagem vetorial ID: 2174051515. Colaborador Incoly Art.
REVISÃO DE TEXTO: Rafael Sicolli
REVISÃO DE PROVAS: André Assi Barreto e Rafael Sicolli
ÍNDICE ONOMÁSTICO E REMISSIVO: André Assi Barreto e Rafael Sicoli
IMAGEM DO COLOFÃO: Monteiro Lobato, por Fátima Lódo.

Dados Internacionais de Catalogação na Publicação (CIP)
(Angélica Ilacqua CRB-8/7057)

Introdução aos meios de pagamento /; coordenação de Roberto Sanches Defendi ; Adriana Felippe Pereira...[et al]. — São Paulo : Linotipo Digital, 2023. 152 p.
ISBN 978-85-65854-39-9
1. Finanças 2. Meios de pagamento 3. Cartões de crédito 4. Bancos e operações bancárias I. Defendi, Roberto Sanches II. Pereira, Adriana Felippe
23-1892   CDD-32.4

Índices para catálogo sistemático:

1. Finanças – Meios de pagamento

Este livro segue as regras do Acordo Ortográfico da Língua Portuguesa, em vigor desde 01/01/2009.

Nenhuma parte dessa publicação pode ser reproduzida ou transmitida de qualquer forma ou por quaisquer meios sem a permissão por escrito dos editores.

2023
Todos os direitos desta edição reservados à Linotipo Digital Editora e Livraria Ltda.
Rua Álvaro de Carvalho, 48, cj. 21
CEP: 01050-070 – Centro – São Paulo – SP
www.linodigi.com.br – 55 (11) 3256-5823.

SUMÁRIO

Prefácio | 9
Prólogo | 11

CAPÍTULO 1 - BREVE HISTÓRICO | 13
QUANDO SURGIU O CARTÃO DE CRÉDITO | 14
O CARTÃO DE CRÉDITO NO BRASIL | 16
VANTAGENS NO USO DO CARTÃO DE CRÉDITO | 19
Associações e órgãos do cartão de crédito | 19
• ABECS - Associação Brasileira das Empresas de cartões de crédito e serviços | 19
• PCI (Payment Card Industry) Security Standards Council | 20
• EMV – Europay Master Visa Corporation | 21
Quebra da exclusividade no mercado de cartões | 22

CAPÍTULO 2 - ECOSSISTEMA DE MEIOS DE PAGAMENTO | 25
COMO FUNCIONA O FLUXO DE UMA COMPRA COM CARTÃO DE CRÉDITO | 26
ARRANJO DE PAGAMENTO | 28
MODALIDADES DE PAGAMENTO | 29
1 - Cartão de Crédito | 29
2 - Cartão de Débito | 30
3 - Cartão pré-pago | 30

CAPÍTULO 3–OS ATORES DO ECOSSISTEMA | 31
BANDEIRA | 31
As Bandeiras Internacionais | 32
Visa | 32
MasterCard | 32
American Express | 33
Diners Club International | 33
JCB (Japonese Credit Bureau) | 33
Discover Financial Services (Morgan Stanley) | 33
UPI (Union Pay Internacional) | 34
As Bandeiras Regionais | 34
ELO | 34
Hipercard | 34
BIN ou INN | 35
Tabela de BINS (Bandeira) | 37

Release de bandeira | 38
Consequências de Não Implantação de um Item do Release ou Boletim | 41
Penalizações por Itens Não Implantados | 42
EMISSOR | 44
• Tabela de BINS (Emissor) | 45
PORTADOR | 45
ADQUIRENTE OU CREDENCIADOR | 46
SUBADQUIRENTE | 46
GATEWAY DE PAGAMENTO | 47
BENEFÍCIOS DO GATEWAY | 49
• Segurança | 49
• Checkout Transparente | 50
• Diversidade de Opções | 51
Estabelecimento | 51
EPS – EMPRESAS PRESTADORAS DE SERVIÇOS | 52
• Conciliadoras | 52
• Processadoras | 53
Embossadora | 53

CAPÍTULO 4 - ADQUIRÊNCIA | 57
CREDENCIAMENTO | 57
Instalação dos Terminais | 59
• POS (Point of Sales) | 60
• TEF (Transferência Eletrônica de Fundos) | 61
• TEF Dedicado | 61
• TEF Discado | 62
• TEF IP (Internet Protocol - Protocolo Internet) | 62
COMÉRCIO ELETRÔNICO | 62
WALLETS | 63

CAPÍTULO 5 - CAPTURA | 65
ON US | 66
OFF US | 66
MODELOS DE CAPTURA | 67
• VAN (ValueAdded Network) | 67
• Voucher | 68
TIPOS DE MENSAGEM E MAPA DE BYTES | 69
TIPOS DE CAPTURA | 69
Cartão "Não Presente" e "Presente" | 69
Tarja Magnética | 70

Chip | 70
NFC /CONTACTLESS (parei aqui) | 71
QR Code | 71
Carteiras Digitais | 72
Wearables | 72
ESTRUTURA DA MENSAGEM | 72
MTI- MessageTypeIdentifier | 73
Versão da Mensagem ISO 8583 | 74
Classe da Mensagem | 75
Função da Mensagem | 76
Origem da Comunicação | 79
Mapa de BITS -Primário e Secundário | 79
Elementos de Dados | 80

CAPÍTULO 6 - Autorização | 83
PROCESSO DE AUTORIZAÇÃO | 84
Single message | 85
Dual message | 85
Fluxo da Autorização online | 86
STAND IN | 87
CONFIGURAÇÃO DO CARTÃO | 89
PanAN (PrimaryAccountNumber) | 90
ELEMENTOS DO CARTÃO | 92

CAPÍTULO 7 - PROCESSAMENTO | 95
TIPOS DE PROCESSAMENTO | 96
Processamento pelo adquirente ou processador | 97
Processamento pela bandeira | 98
AGENDA FINANCEIRA | 99
Tipos de Agendas Financeiras | 100
• Agenda Financeira Adquirente | 100
• Agenda Financeira Emissor | 101
• Agenda Financeira Bandeira | 102

CAPÍTULO 8 - LIQUIDAÇÃO | 103
INTEGRANTES DO SISTEMA DE LIQUIDAÇÃO | 104
Instituidor de Arranjo de Pagamento | 104
Instituições de Pagamento | 104
Instituições Financeiras | 105
Instituição Domicílio | 105
Subcredenciador(subadquirentes / subadquirentes / subcredenciadora) | 106

CAPÍTULO 9 - OPERAÇÕES | 107
ADQUIRENTES | 108
BOAS PRÁTICAS DO MERCADO | 108
Prospecção de Clientes | 108
Credenciamento ou Boarding | 108
Conciliação | 110
Instalação de Tecnologia | 112
Treinamento dos Clientes | 113
Ativação do Cliente | 113
Monitoração das Vendas | 114
Monitoração de Risco e Fraude | 115
Atendimento e Suporte ao Cliente | 117
O ROTEIRO CONTÁBIL NO MERCADO DE MEIOS DE PAGAMENTO | 119

CAPÍTULO 10 - REGULAMENTAÇÃO | 121
OS ÓRGÃOS REGULADORES E REGULAMENTAÇÕES | 121
Banco Central | 121
Mudanças na Regulamentação | 121
2015 | 122
• Domicílio bancário e a trava | 122
2018 | 123
2019 | 124
Registradora | 125
Obrigações Acessórias | 126
AML – Prevenção de Lavagem de Dinheiro | 127
COAF -Conselho de Controle de Atividades Financeiras | 129

GLOSSÁRIO | 131
DOS AUTORES | 139
ÍNDICE REMISSIVO | 145

BIBLIOGRAFIA 149

PREFÁCIO

Há tempos ouço profissionais do setor de pagamento pedindo por um livro que lhes conte os detalhes operacionais de uma transação financeira. Principalmente com o objetivo de auxiliar as pessoas que entram no setor de pagamentos sem nenhuma bagagem teórica.

Para isso teríamos de reunir os profissionais certos para nos contar o que sabem. Os autores deste livro foram meus colegas de trabalho no setor e tive a felicidade de reencontrá-los em um projeto, quando discutimos um pouco sobre o que desejamos fazer com o restante das nossas vidas.

O ambiente estava bem adequado para lançar a ideia, a de deixar um legado, colocando no papel um pouco da experiência de cada um.

Entretanto, escrever não é uma tarefa simples, ao menos para mim. Não é fácil traduzir na palavra escrita a mensagem que desejo passar ao leitor.

Dividir conhecimento também não é para qualquer pessoa, você tem de sentir prazer em passar adiante uma informação, uma experiência, para ter sucesso na comunicação.

Mesmo assim, tenho de confessar que prefiro falar a escrever. Quando você se dirige a um público em uma palestra, por exemplo, é possível receber um *feedback* instantâneo, e com isso refazer, corrigir e redirecionar sua fala. Certamente, a maioria dos autores não têm essa dificuldade e os admiro muito pela sua capacidade e competência.

Escrever não é tão simples assim, imagina quando você reúne 11 autores, trabalhando em empresas diferentes, alguns vivendo em diferentes cidades. Começar é fácil, mas terminar a obra exigiu determinação e disciplina.

Os obstáculos são muitos, desde juntar peças de conhecimento para formar algo maior até construir um texto que tenha um estilo único, como se tivesse sido escrito por uma só pessoa.

O resultado não poderia ser outro, este livro irá ajudar a muitos profissionais do setor de pagamentos, mesmo aqueles que já atuam no setor irão me dar razão. Você, leitor, irá encontrar informações que nunca lhe contaram e que fará você entender melhor como funcionam os "trilhos" de pagamento com cartões.

Edson Luiz dos Santos

*Fundador e sócio da Colink Business Consulting, Advisor e investidor em startups, autor dos livros "Do Escambo à Inclusão Financeira - A evolução dos meios de pagamento" e coautor do livro "Payments 4.0 - As forças que estão transformando o mercado brasileiro".

PRÓLOGO

⁓

O mercado de meios de pagamento é "nervoso" e, diariamente, temos a sensação de que novas tecnologias e novos processos nascem baseados em tecnologia.

Esse mercado evoluiu muito em poucos anos graças ao crescimento da tecnologia. E o Brasil foi um dos protagonistas dessa evolução e credibilidade na forma como os meios de pagamento são realizados no mundo.

A economia brasileira, nas últimas décadas, foi desafiada juntamente com todo o setor bancário e financeiro pelos fatores adversos que abateram sobre o país.

Nessa linha, nosso sistema bancário é um dos mais, senão o mais, evoluído do planeta, pois a capacidade de adaptação e criatividade do povo brasileiro construiu soluções inimagináveis em outros lugares do globo. Nesse sentido, quando ferramentas são disponibilizadas, como a tecnologia, os brasileiros conseguem se superar em criar soluções.

Para o mercado de meios de pagamento não foi diferente, e depois da abertura do mercado, em 2010, o que já era sólido ficou mais acelerado diante dos novos entrantes nesse segmento

A rapidez com que o mercado evoluiu não deu tempo de disseminação do conhecimento sobre esse assunto para os profissionais que chegavam nessa área. Isso fez e faz com os novos contratados demorem para entender todo o "ecossistema" desse mercado, ocorrendo acertos e erros em muitos casos, que fazem parte da história de construção do mercado.

Felizmente, um grupo de profissionais muito experientes e com grande conhecimento em meios de pagamento resolveu criar este material para orientar as pessoas que chegam hoje nesse mercado, bem como as que chegarão no futuro. A base das transações eletrônicas *é* a mesma, contudo, *há sempre* mudanças nas áreas de tecnologia e de segurança para os atores desse "ecossistema".

Nas próximas páginas, o leitor conhecerá como surgiu o mercado de meios de pagamento, como ele evoluiu, quais são seus pontos-chave e como ele se comporta com o papel de cada envolvido em uma transação eletrônica.

CAPÍTULO 1

BREVE HISTÓRICO

Os cartões de pagamento (crédito e débito) são utilizados como forma de pagamento eletrônico para adquirir bens ou contratar serviços, sendo, atualmente, um cartão físico ou virtual, e, na maioria das vezes, ele pode conter um dispositivo de segurança (chip) e dados do portador, também conhecidos como titular do cartão.

O portador do cartão de crédito recebe mensalmente a fatura para pagamento de todas as despesas realizadas no período e há a possibilidade de quitá-la integralmente ou não, sendo que, nesse caso, serão cobrados juros na próxima fatura. Para o portador do cartão de débito, o valor da transação é debitado diretamente da conta corrente.

Os cartões de pagamentos são emitidos por instituições, chamadas emissores, autorizadas pelos órgãos reguladores do país, sendo, no caso do Brasil, o Banco Central.

Os emissores definem o limite de crédito no cartão, ou seja, qual será o valor limite máximo que o portador terá disponível para utilizar em suas transações.

QUANDO SURGIU O CARTÃO DE CRÉDITO

O cartão de crédito surgiu, aproximadamente, em 1920, nos Estados Unidos da América, pois os estabelecimentos comerciais disponibilizavam aos clientes mais fiéis, pontuais e confiáveis um cartão de crédito, visto que acreditavam que esses clientes pagariam as contas em dia.

A história do cartão de crédito mais parecido com o que temos hoje iniciou-se em 1949, quando Frank MacNamara, então presidente do *Hamilton Credit Corporation*, estava jantando em Nova York, no Major'sCabin Grill, com amigos Alfred Bloomingdale e Ralph Schneider, advogado de Frank.

Durante o jantar, eles falavam sobre um problema de um cliente da *Hamilton Credit Corporation*, que havia disponibilizado cartões de consumo à vizinhança pobre para uso em postos de gasolina e lojas para compras de itens emergenciais.

Não era um gesto solidário, porque esse cliente cobrava uma taxa por esse serviço.

O cliente da *Hamilton* acreditava que quando fosse saldar as dívidas com os estabelecimentos comerciais seus vizinhos já teriam acertado as pendências financeiras com ele, porém, isso não ocorreu e, para saldar as dívidas com os estabelecimentos, foi necessário pedir um empréstimo ao *Hamilton Credit Corporation*.

Ao final do jantar, MacNamara percebeu que estava sem dinheiro e sem talão de cheques para pagar a conta. Além da situação constrangedora, foi preciso solicitar à sua esposa que levasse algum dinheiro para ele.

Como MacNamara era um homem ousado, depois do assunto tratado no jantar e da falta de dinheiro para quitar a conta do restaurante, e lembrando o caso do cliente da *Hamilton*, surgiu a ideia de criar um cartão de crédito com o nome do portador, que pudesse ser usado em diversos estabelecimentos comerciais e, dessa forma, o dono do cartão teria um tempo para pagar a conta. Isso fez com que MacNamara se tornasse um intermediário entre os estabelecimentos e seus clientes.

Frank MacNamara e Ralph Schneider criaram, em 1949, o *The Diners Club*, sendo inicialmente aceito apenas em restaurantes, exclusivamente para pessoas importantes, pois apenas duzentas pessoas amigas de MacNamara possuíam o cartão quando esse foi criado.

Em 1952, o uso do cartão havia-se expandido para milhares de adeptos e era aceito em muitos outros estabelecimentos, demonstrando o sucesso da ideia de MacNamara.

Em 1955, o cartão passou a ser emitido em plástico, substituindo os primeiros, que eram confeccionados em papelão.

Posteriormente, o *The Diners Club* mudou para *Diners Club International*, tendo expandido para mais de 50 países, em todos os continentes, e existe até os dias de hoje.

O sucesso do cartão de crédito logo atraiu outras empresas, tanto que, em 1958, a *American Express* criou o seu próprio cartão.

O *Bank American Service Corporation*, em *1966*, também criou o cartão *BankAmericard*, que rapidamente se tornou um sucesso, sendo aceito por mais de 12 milhões de estabelecimentos. Após algum tempo, passou a se chamar Visa, a marca de bandeira que conhecemos atualmente.

No mesmo ano de 1966, um grupo de bancos criou a Associação de Cartões Interbancária (ICA), sendo que, em 1969, a associação passou a ser chamada de Master Charge, tendo recebido 20 anos depois, em 1979, o nome de MasterCard.

Um pouco antes disso, em1975, o Diners lança o *Corporate Card*, o primeiro cartão corporativo do mundo, que inovou o mercado de meios de pagamento.

Em 1981, o Citibank adquiriu o Diners Club da *Continental Insurance Corporation* e passou a administrar os cartões com a bandeira *Diners*, adquirida anos depois pela Discover, em 2008.

O CARTÃO DE CRÉDITO NO BRASIL

Em 1954, o empresário tcheco Hanus Tauber comprou uma franquia da *Diners* e propôs uma sociedade ao empresário brasileiro Horácio Klabin para lançamento do cartão no Brasil. Uma das características era que o cartão funcionava como um cartão de compra com pagamento integral da fatura.

O primeiro cartão de crédito com bandeira nacional foi lançado em 1968 pelo Banco Brasileiro de Descontos, conhecido como Bradesco, e se chamava ELO.

Os cartões emitidos fora do Brasil eram aceitos pela rede criada pelo Bradesco.

Na década de 90, a Sollo era uma bandeira brasileira de cartão de crédito, criada pela American Express com o objetivo de atingir a classe média. O cartão era emitido pelos bancos Bamerindus, BCN, Boavista e Econômico, e a bandeira foi descontinuada ao final da mesma década.

Além das bandeiras internacionais aceitas, ocorreu um "boom" de cartões no Brasil entre 1997 até 2010, quando surgiram mais de 70 bandeiras regionais que foram responsáveis pelo aumento das transações no comércio, principalmente em regiões mais afastadas de grandes centros como Rio de Janeiro, São Paulo e demais capitais.

Ao final de 2006, o cartão de crédito tinha uma ampla adoção pela população brasileira que possuía contas correntes no sistema bancário, apesar de existirem milhões de cartões de crédito, havia muito mais emissões de cartões de débito.

Alguns emissores, principalmente os bancos, emitem cartões múltiplos que possuem as funções de crédito e débito no mesmo cartão físico.

O cartão de débito também é uma forma eletrônica de pagamento que permite a dedução do valor da compra diretamente na conta do correntista.

Em 2011, os bancos Bradesco, Banco do Brasil e Caixa Econômica Federal se uniram para relançar a bandeira ELO, atingindo a marca de mais de 1 milhão de cartões emitidos no primeiro ano.

Atualmente, até o lançamento deste livro, essa bandeira é aceita no mercado internacional através de uma parceria com a *Diners*.

Dentre as referências existentes no passado, algumas marcas foram importantes para impulsionar a utilização e aceitação dos cartões com a bandeira ELO no mercado. A Credicard foi importante para a emissão, e a Visanet e Redecard, na colocação de máquinas para a captura de transações eletrônicas.

A Credicard é a mais antiga emissora de cartões do país, pois ela atua, sobretudo, em parcerias com outras instituições financeiras e empresas emissoras, permitindo essas oferecerem cartões de crédito a seus clientes.

A marca Credicard, no passado, era sinônimo de cartão de crédito no mercado para a população brasileira.

Em 1995, um grupo de bancos formado pelo Bradesco, Banco Real (atual Santander), Banco do Brasil e o Banco Nacional (atual Itaú) se reuniram e criaram a Visanet (atual Cielo), que possuía a exclusividade com a bandeira Visa Internacional.

Em 1996, a partir da cisão das atividades de credenciamento da Credicard, os bancos Unibanco (atual Itaú), Itaú, Citibank e a bandeira MasterCard International se uniram para formar a Redecard (atual Rede).

As duas empresas, Visanet e Redecard, dividiram a captura de transações eletrônicas até 2010, quando ocorreu uma mudança no mercado. A partir dessa data, teve fim a exclusividade entre as operadoras de cartões e as bandeiras, mas veremos com mais detalhes sobre esse acontecimento à frente neste livro.

VANTAGENS NO USO DO CARTÃO DE CRÉDITO

O cartão de crédito ou "dinheiro plástico", como foi apelidado, tem várias vantagens na sua utilização, porque:
- Não é preciso ter dinheiro em espécie (físico) ou cheque na hora de uma compra;
- O portador obtém um prazo a mais para pagar a fatura;
- O titular pode receber benefícios, como isenção da taxa de anuidade, *cashback*, programa de pontuação ou fidelidade etc;
- As compras podem ser parceladas e sem a cobrança de juros, sendo isso uma modalidade específica do mercado brasileiro;
- Realização de compras *online* na internet;
- Para o lojista, é garantido o recebimento pela venda, mesmo que o portador não pague a fatura do cartão.

ASSOCIAÇÕES E ÓRGÃOS DO CARTÃO DE CRÉDITO

• **ABECS - Associação Brasileira das Empresas de Cartões de Crédito e Serviços**

A ABECS tem a função de apoiar e atuar no mercado de cartões e meios de pagamento para um desenvolvimento sustentável do setor. Ela realiza esse papel desde 1971.

Ela é composta por associados do segmento, incluindo emissores, bandeiras, adquirentes e iniciadores de pagamento, ou seja, os atores do "Ecossistema".

Seu principal objetivo é contribuir para o fortalecimento e expansão do mercado de meios de pagamento, representando seus associados junto ao mercado, poder público, além de órgãos de defesa do consumidor e sociedade em geral.

A representatividade da ABECS é expressiva no mercado, porque ela trabalha para intensificar o uso consciente dos meios eletrônicos de pagamento e em outras frentes, tais como a divulgação mensal dos números do mercado de cartões emitidos, implantação do Código de Ética e autorregulação do setor, educação financeira dos consumidores, pesquisas sobre produtos e comportamento de mercado.

Além de promover, anualmente, o Congresso Brasileiro de Meios Eletrônicos de Pagamento, sendo o principal evento do setor.

• **PCI (*Payment Card Industry*) *Security Standards Council***

Trata-se de um fórum global para o contínuo desenvolvimento, aprimoramento, armazenamento, disseminação e implementação de padrões de segurança para a proteção de dados de contas de cartões de crédito.

O PCI foi fundado em 2006 pelas empresas American Express, Discover Financial Services, JCB International, MasterCard e Visa Inc.

As regras e normas do PCI garantem a segurança no manuseio dos dados de cartões de crédito em transações eletrônicas, visando a proteger os estabelecimentos e portadores da utilização indevida dos dados.

O PCI está em constante evolução para detectar ameaças e melhorar os meios de pagamento que o setor tem à disposição para as transaçõcs clctrônicas, além de formar profissionais de segurança no padrão.

- **EMV** – *Europay Master Visa Corporation*

A EMV é um método de pagamento baseado em um padrão técnico para cartões de pagamento inteligentes e para terminais de pagamento e caixas eletrônicos que podem aceitá-los. A EMV, originalmente, significava "Europay, MasterCard e Visa", ou seja, as três empresas que criaram o padrão, porém, com o tempo, foi alterada a descrição.

Os cartões EMV são cartões inteligentes, também chamados de cartões com chip, cartões de circuito integrado ou cartões IC, que armazenam seus dados em chips de circuito integrado, além de tarjas magnéticas para compatibilidade com versões anteriores. Isso inclui cartões que devem ser inseridos fisicamente ou "mergulhados" em um leitor, bem como os cartões sem contato, chamados de *contactless*, que utilizam NFC (*Near Field Communication*)que podem ser lidos em uma distância curta utilizando essa tecnologia.

Os cartões que cumprem o padrão EMV são frequentemente chamados de Chip e PIN ou, Chip e cartões de assinatura, dependendo dos métodos de autenticação empregados pelo emissor do cartão, como um número de identificação pessoal(PIN – *PersonalIdentificationNumber*) ou assinatura digital.

Hoje, o principal padrão utilizado pelas bandeiras de crédito, débito e *voucher* ao redor do mundo é o EMV.

QUEBRA DA EXCLUSIVIDADE NO MERCADO DE CARTÕES

Como falamos, vamos descrever como ocorreu a quebra de exclusividade no mercado de cartões.

Até o ano de 2010, o mercado de cartões de crédito e débito no Brasil vivia sob o regime de duopólio, ou seja, somente duas empresas operavam nesse mercado.

Os cartões das bandeiras MasterCard e Diners eram aceitos somente nas "maquininhas" da Redecard (atual Rede) e a bandeira Visa somente nas "maquininhas" da Visanet (atual Cielo), as duas adquirentes na época.

Em 2010, a SDE (Secretária de Direito Econômico) impôs que houvesse uma quebra no acordo de exclusividade entre as bandeiras e os adquirentes, responsáveis pela captura, processamento e liquidação das transações eletrônicas.

Antes dessa quebra, para um estabelecimento comercial poder aceitar as principais bandeiras, era necessário possuir as duas "maquininhas" (Redecard e Visanet), o que aumentavam seus custos operacionais.

A quebra da exclusividade trouxe ganhos para os estabelecimentos em relação à concorrência e redução de custos, pois os POSs (*Point of Sales*), as "maquininhas" poderiam capturar transações eletrônicas das principais bandeiras sem necessidade de ter os dois POSs dos principais adquirentes do mercado.

A partir desse marco no mercado de Meios de Pagamento, houve uma revolução em como cada Adquirente se comportaria a partir daquele momento, pois existiam receitas financeiras de aluguel de POS que contribuíam, significativamente, com a receita financeira total do adquirente, sendo representativo para os adquirentes.

Essa quebra de exclusividade também promoveu mudanças comportamentais nos portadores, estabelecimentos e várias mudanças no modelo de negócio por parte dos emissores e adquirentes.

Em contrapartida, as bandeiras viram aumentar suas receitas, devido à maior disponibilidade à qual a marca estava exposta e disponível para uso pelos portadores em diversos tipos de estabelecimentos que possuíam apenas uma maquininha para captura das duas bandeiras.

CAPÍTULO 2

ECOSSISTEMA DE MEIOS DE PAGAMENTO

∽∞∽

O ecossistema de meios de pagamento é um tanto complexo na sua forma de operar, porém, é simples no seu entendimento.

São diversas entidades que assumem papéis dentro do processo e iremos explicar sobre as principais entidades neste capítulo, sendo que as responsabilidades não se limitam a esta explicação, pois existem outros atores que atuam no ecossistema.

COMO FUNCIONA O FLUXO DE UMA COMPRA COM CARTÃO DE CRÉDITO

Quando o portador utiliza o cartão de crédito ou débito em uma maquininha, os dados da transação seguem do estabelecimento para a adquirente e depois para a bandeira (Visa, MasterCard, Elo etc).

De uma forma geral de fluxo, a adquirente recebe os dados da transação na maquininha e realiza uma validação básica, por exemplo, se aquela bandeira é aceita em determinado estabelecimento e, após aprovação, lhe envia os dados.

A bandeira então encaminha a transação para o emissor, que faz toda a checagem dos dados do cliente. Caso o cartão não possua restrições e tenha limite disponível de crédito, a compra é autorizada. Caso contrário, haverá uma transação não autorizada, também conhecida como "transação negada".

O fluxo de ida e volta dessa transação entre o portador do cartão e os demais sistemas envolvidos acontece em alguns segundos, normalmente, em menos de 16 segundos, podendo variar de um adquirente para outro.

Para ficar mais claro esse fluxo de compra com o cartão de crédito, veja a figura abaixo.

Operacionalmente, em uma transação, o estabelecimento passa o cartão em um equipamento eletrônico, que pode ser um POS (comum em pequenas lojas, restaurantes e postos de gasolina) ou um equipamento integrado com o sistema do estabelecimento (usado em supermercados e lojas de departamentos). Nesse momento, um funcionário do estabelecimento digita a opção de crédito ou

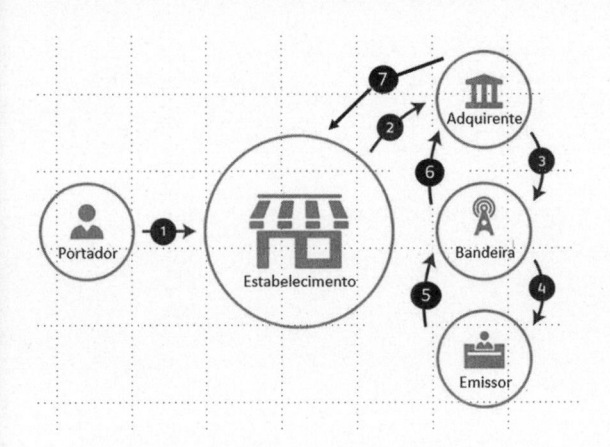

Figura 1 - Ecossistema do Meios de Pagamento
Fonte: Luiz Cláudio dos Santos

1º passo – Portador
O portador utiliza cartão de crédito ou débito para compra

2º passo – Estabelecimento
O cliente compra bens/serviços no estabelecimento. As Transações são enviadas para o Adquirente

3º passo Adquirente
O Adquirente solicita autorização para a Bandeira, e captura a Transação para processamento e liquidação

4º passo Bandeira
A Bandeira submete a transação ao banco emissor para obter a autorização

5º passo Emissor
O banco emissor autoriza a transação e responde a bandeira

6º passo Bandeira
A Bandeira responde a solicitação de autorização ao Adquirente

7º passo Adquirente
O Adquirente encaminha o pedido de autorização ao Estabelecimento

débito, o número de parcelas e o tipo de parcelamento (com ou sem juros).

Em seguida, o portador deve verificar os dados da transação e inserir a senha, no caso de cartão com senha, então ocorre todo o processo descrito anteriormente.

Quando a transação é aprovada, o equipamento do estabelecimento emite duas vias de comprovante. A primeira fica com o estabelecimento e a outra com o portador. Em geral, nos casos de transação sem senha, é exigido que o portador assine a via do estabelecimento. Nesse caso, os estabelecimentos são instruídos a verificar se a assinatura no comprovante confere com a assinatura no verso do cartão ou com algum documento de identidade do portador, porém, pouquíssimos estabelecimentos adotam essa prática no Brasil. Em países como o Estados Unidos da América, no entanto, esse processo ocorre para evitar fraudes.

As transações com cartões que possuem chip funcionam da mesma forma, mas com mais segurança contra fraude, porque dificultam o processo de clonagem de cartão. A maioria dos emissores brasileiros, ao instalarem os chips nos cartões, também atribuíram a necessidade de o portador digitar a senha. Por essa razão, algumas pessoas relacionam o chip com a senha, mas, teoricamente, seriam funcionalidades separadas.

A opção de parcelamento sem juros (ou "parcelamento loja") significa que o valor da transação é dividido por um número de parcelas. Nesse tipo de transação, o estabelecimento recebe o valor da venda de forma parcelada. A opção de parcelamento com juros (ou "parcelamento emissor") significa que o titular do cartão pagará, além do valor combinado, uma taxa de juros definida pelo emissor do cartão. Nesse tipo de transação, o estabelecimento recebe o valor da venda de uma vez e o emissor recebe os juros a serem pagos pelo titular.

ARRANJO DE PAGAMENTO

O mercado de pagamentos é regido por diversas normas e regulamentações, que orientam o seu bom funcionamento. Uma delas é a Lei nº 12.865/2013, responsável por determinar o que é um arranjo de pagamento e quais os seus integrantes.

O arranjo de pagamento é o conjunto de regras e procedimentos que disciplina a prestação de determinado serviço de pagamento ao público, aceito por mais de um recebedor, mediante acesso direto pelos usuários finais, pagadores e recebedores.

Dentre os princípios que regem os arranjos de pagamento estão a promoção de competição e interoperabilidade do ecossistema, confiabilidade, atendimento às necessidades e inclusão financeira dos usuários finais, assim como a inovação e a diversidade dos modelos de negócio brasileiros.

MODALIDADES DE PAGAMENTO

1 - Cartão de Crédito

Essa modalidade de pagamento trabalha com crédito disponibilizado por uma instituição financeira, o que na prática significa que o cliente terá um limite para poder gastar em suas compras, com a opção de parcelar os valores e pagar a fatura no mês seguinte. Dessa forma, é possível realizar uma compra, mesmo não tendo dinheiro disponível naquele momento, semelhante ao conceito de empréstimo, porém não ocorre necessariamente o pagamento de taxas e juros, pois o portador está utilizando um valor que não possui no momento da compra.

As compras realizadas com cartão de crédito podem, então, ser em uma ou em várias parcelas. As bandeiras, normalmente, limitam o parcelamento em no máximo 24 vezes, dependendo do MCC (Merchant Category Code), sendo possível a cobrança de taxas dependendo da quantidade de parcelas.

2 - Cartão de Débito

No cartão de débito as compras sempre são à vista e a transação só é concretizada se a pessoa possuir saldo suficiente na hora de realizar o pagamento, ou limite de cheque especial, sendo uma regra do banco emissor. Ou seja, se o valor disponível na conta for menor do que o preço do produto ou serviço, a transação eletrônica não será concluída. O cartão de débito exige que a pessoa possua conta corrente em banco para realizar as transações.

3 - Cartão pré-pago

O funcionamento de um cartão de crédito pré-pago é bastante parecido com o de um cartão tradicional, porém existem algumas diferenças. Uma delas é que o pré-pago não oferece a possibilidade de compra parcelada e nem um limite de crédito.

As compras que o portador pode fazer estão limitadas ao valor que ele já creditou (depositou) no cartão por meio de uma recarga, que pode ser feita pela internet, paga por um boleto bancário, cartão de débito ou crédito. Esse modelo é semelhante ao modelo de negócio das operadoras de celulares para planos pré-pago da linha telefônica e que necessitam de uma carga inicial e, posteriormente, recargas para utilização dos serviços da operadora de celular.

Há dois tipos principais de cartões pré-pagos: os nacionais e os internacionais.

O nacional só pode ser carregado em reais e não é aceito fora do país.

O internacional pode ser carregado em moeda estrangeira e é aceito fora do país.

CAPÍTULO 3

OS ATORES DO ECOSSISTEMA

∞

O ecossistema de meios de pagamento possui alguns atores para que ele possa funcionar, pois qualquer peça fora do lugar ou ausente no ecossistema pode desestabilizá-lo e criar vários problemas ao longo da cadeia de pagamentos.

Neste capítulo iremos conhecer cada um desses atores e qual o papel que eles exercem dentro do ecossistema.

BANDEIRA

É a empresa proprietária da marca e do arranjo de pagamentos dentro do ecossistema. Ela é responsável por criar as regras de operação, pela comunicação da transação entre o adquirente e o emissor do cartão de crédito, bem como pela padronização dos cartões e tecnologias entre as empresas participantes do mercado, sendo tudo isso para garantir que todos os cartões com determinada bandeira possam ser usados em qualquer estabelecimento que a aceite.

Ela é responsável pela afiliação de emissores, credenciadoras e facilitadoras de pagamento ao arranjo de pagamento. Além disso, a bandeira também administra a relação entre eles, enviando informes sobre as transações processadas, valores a serem pagos entre as partes e, em casos de disputas, atuando no papel de juíza, realizando a análise e determinando qual ator está com a razão.

Para identificar a qual bandeira um cartão pertence, usa-se como referência os seis primeiros números do cartão, que são chamados de "*BIN*". Há uma previsão de que, a partir de 2023, o "*BIN*" será ampliado para os oito primeiros números do cartão.

AS BANDEIRAS INTERNACIONAIS

Visa

Empresa de capital aberto, com mais de 13 mil instituições financeiras ao redor do mundo que emitem cartões com a sua marca, com aceitação em mais de 24 milhões de estabelecimentos, em mais de 170 países. Até 2019, no Brasil, a Visa tinha 34,3 milhões de cartões emitidos.

MasterCard

Empresa de capital aberto com mais de 25 mil parceiros de emissão no mundo, aceita em mais de 25 milhões de estabelecimentos e em mais de 210 países e territórios. No Brasil, em 2019, possuía mais de 55,4 milhões de cartões emitidos.

American Express

Empresa de capital aberto, aceito em mais de 200 países, também conhecida como Amex. É uma empresa de serviços financeiros dos Estados Unidos da América, sendo que também trabalha em serviços de viagem, fundo mútuo, conselho financeiro e seguros.

Diners Club International

Criada com o nome Diners Club, é uma companhia de crédito fundada em 1950, por Frank X. McNamara, Ralph Schneider e Matty Simmons, comprada em 1981 pelo Citibank. A *Diners Club International* foi a primeira empresa independente de cartões de crédito do mundo.

JCB (Japonese Credit Bureau)

Fundada em janeiro de 1961, ela emitiu, dois meses depois, o primeiro cartão de crédito do Japão, compatível com o padrão ISO (International Organization for Standardization). Em maio de 1961, a JCB também se tornou a primeira empresa privada no Japão a oferecer aos clientes o pagamento conveniente de saque bancário automático para contas de cartão de crédito.

Discover Financial Services (Morgan Stanley)

É uma empresa americana de serviços financeiros que possui e opera o Discover Bank, que oferece contas correntes e de poupança, empréstimos pessoais, empréstimos para compra de imóveis, empréstimos para estudantes e cartões de crédito.

UPI (Union Pay Internacional)
Empresa chinesa fundada em 2002 que tem parceria com 2.300 instituições ao redor do mundo, possibilitando a aceitação em 179 países e emissão em 61 países.

AS BANDEIRAS REGIONAIS

ELO
Lançada em 2011, é a maior bandeira brasileira, com mais de 132 milhões de cartões emitidos. Em parceria com a Discover, possui aceitação internacional em mais de 200 países.

Hipercard
Foi criada em 1968, como um cartão fidelidade das lojas Bom Preço. Em 2004, o Unibanco adquiriu a operação da bandeira, emissão e credenciamento.
Em 2011, a captura das transações eletrônicas passa a ser feita exclusivamente pela Rede e a emissão pelo Itaú, tendo em 2014o início do processo de arranjo de pagamento, dividindo os papéis entre emissor e bandeira.
Existem, também, diversas outras bandeiras regionais, cuja abrangência não está em todo o território brasileiro. Destacamos aqui algumas delas: Sorocred, Greencard, Coopercard, Banescard, Cabal, Mais e Verocard.

BIN ou INN

BIN significa *Bank Identification Number* e INN *Issuer Identification Number*, ou, simplesmente, número de identificação do emissor.

Para que uma transação ocorra, é necessário que mensagerias compostas de números trafeguem em sistemas integrados e é necessário que todos os participantes de uma transação reconheçam as informações daquele instrumento de pagamento.

Tratando-se de cartão, temos impressos alguns números (a partir de 12 dígitos), que, quando trafegados, informam alguns dados, por exemplo, quem é o portador, qual o banco emissor, em qual conta ocorrerá a cobrança e qual a bandeira daquele cartão.

Nenhum cartão é igual a outro, pois esse conjunto de dígitos permite inúmeras combinações entre si, de forma a não ocorrer dúvidas quando esses números trafegam.

Os seis primeiros dígitos dos cartões são conhecidos como BIN ou INN. Os demais números que compõe o cartão servem para identificar a conta individual vinculada a ele. O último número é o dígito verificador, que serve como medida de verificação e segurança, sendo que é possível ser encontrado (identificado) através de uma fórmula matemática, conhecida como algoritmo de Luhn.

O primeiro dígito do BIN ou INN indica o identificador da indústria de pagamentos, ou seja, a qual setor pertence aquele emissor:

- Cartões iniciados com o número 1 ou 2: o emissor é uma companhia aérea;

- Cartões iniciados com o número 3: o emissor é uma indústria de viagem ou entretenimento;
- Cartões iniciados com os números 4 e 5: o emissor é uma instituição financeira;
- Cartões iniciados com o número 6: o emissor é um banco ou comerciante;
- Cartões iniciados com o número 7: o emissor é uma indústria de petróleo;
- Cartões iniciados com o número 8: o emissor é da área de telecomunicações;
- Cartões iniciados com os números 9 e 0: são outros emissores, incluindo governos.

Cartões emitidos por uma grande instituição costumam compartilhar alguns dígitos de início da série de números, por exemplo, os cartões da marca Visa, geralmente, começam com o número 4, assim como os da marca MasterCard começam com 5.

Mas isso não é mais regra, pois como há uma limitação de números de cartões emitidos em um BIN (3 trilhões de cartões), e com o aumento considerável de emissão e *tokenização*, os BINs começaram a se esgotar e a indústria precisou abrir alternativas para sanar essa demanda.

Iniciou-se, então, a disponibilização de emissão de cartões com o BIN 2, sendo que as bandeiras compravam um range de BINs e poderiam emitir seus cartões com esses números, mas não foi o suficiente.

Atualmente, a indústria está mudando novamente e a estratégia irá adotar, a partir de 2022, a utilização de oito dígitos, não mais os seis primeiros dígitos irão compor o BIN, e sim os 8 números iniciais do cartão.

Como é necessária muita sincronia para se controlar um BIN, as bandeiras são as únicas que podem efetuar a compra e venda destes, e quando um emissor necessita de um BIN, ele solicita à bandeira, que cede um range para que aquele emissor pode utilizar.

Quando o emissor solicita um range de BINs, a bandeira atualiza isso em uma tabela e divulga para os participantes do arranjo, sendo essa tabela conhecida como "Tabela de BINs".

O adquirente irá utilizar esta informação para direcionar a transação realizada com um cartão deste novo BIN para o emissor correto.

Periodicamente, o adquirente recebe da bandeira uma relação de BINs para atualizar a tabela de BINs e manter sua capacidade de captura de transação operante.

TABELA DE BINS (BANDEIRA)

A tabela de BINs é um arquivo mantido pela bandeira onde constam informações dos cartões para serem usados pelos participantes do arranjo. Cada bandeira possui sua própria tabela de BINs e a distribui aos adquirentes. As principais informações de uma tabela de BINs são o *range* de BINs, emissor, país do emissor e produto.

O *range* de BINs determina uma faixa de numeração dos BINs, que terão as mesmas características, ou seja, todos os cartões emitidos, cujo número esteja dentro daquele range, serão do mesmo produto, emitidos pelo mesmo emissor e com as mesmas configurações.

Release de bandeira

As bandeiras (Elo, Visa, MasterCard e Amex) possuem a responsabilidade de orquestrar o mercado de meios de pagamento para garantirem que não ocorram rejeições de transações, ou seja, para garantir que todos os participantes do seu arranjo (emissor, credenciador, processador) façam as mudanças e atualizações necessárias para continuarem conversando com o mercado inteiro do qual fazem parte. Ex: Todos que emitem Maestro.

O cliente que passar o cartão na banquinha do Seu Zé, aqui em São Paulo e o que passar no Mr. Zao Chu em Shangai, tem de ter o mesmo tratamento, as mesmas regras, a mesma mensageria e receber a mesma resposta, aprovada de preferência.

Para que isso ocorra, as bandeiras precisam garantir que os emissores, credenciadores, subcredenciadores, processadores e agentes aqui do Brasil, da China, da Europa ou qualquer outro lugar "falem a mesma língua" e ao mesmo tempo.

Para que isso seja possível, as bandeiras mantêm documentações e manuais que devem ser seguidos por todos os participantes do arranjo. Quando é necessária a inclusão de novas funcionalidades ou uma alteração nas funcionalidades existentes, isso precisa ser feito ao mesmo tempo por todos os participantes do arranjo.

E como as Bandeiras fazem isso? Através dos *releases* e boletins.

Os *releases* são compilados de regras, alterações e atualizações que as bandeiras encaminham aos seus participantes para informar algo como: *"Amigos, precisamos que vocês façam essas e estas mudanças em seus sistemas e processos para que estejam de acordo com minhas regras, normas e possam continuar emitindo ou aceitando os cartões com a minha bandeira!"*

É um conjunto de alterações que os participantes devem avaliar se são ou não aplicáveis ao seu negócio específico.

Os itens de *release* são enviados aos participantes em 'lotes'. Temos os *releases* nos meses de abril e outubro, que concentram as principais alterações. E os de janeiro e julho que apresentam alterações pontuais e com menor probabilidade de ser mandatório.

A maioria dos itens possuem um prazo de 6 meses para serem desenvolvidos e implantados, então os itens publicados em outubro de 2019 serão implantados no "Release 20.Q2– abril/2020".

A nomenclatura é conforme o exemplo a seguir:
- 20.Q1 – primeiro quartil de 2020 – janeiro de 2020;
- 20.Q2 – segundo quartil de 2020 – abril de 2020;
- 20.Q3 – terceiro quartil de 2020 – julho de 2020;
- 20.Q4 – quarto quartil de 2020 – outubro de 2020.

Nesse sentido, podemos ter as seguintes classificações:
- Itens mandatórios: são os itens que as bandeiras entendem que o desenvolvimento é fundamental para a continuidade e manutenção do negócio e

que devem ser desenvolvidos para que não ocorram rejeições. Caso o participante não desenvolva ou implante, estará *no compliant* com a bandeira e ele pode ser penalizado conforme o impacto que causa.
Ex: A bandeira pediu para alterar um campo da mensageria, sem a qual irá negar as transações. Caso o participante não implante esse item, ele irá gerar prejuízo ao sistema e, por isso, será penalizado;

- Itens mandatórios por participação: quando o participante só deverá implantar aquele item se tiver aquele produto. Ex: Caso o emissor tenha o produto *MoneySend*, será obrigado a desenvolver aquele item do *release* sem o qual não poderá manter o produto ativo;
- Itens informativos: são itens que visam informar ao participante algum produto novo, uma nova tendência ou, até alterações que ocorrerão nos manuais, mas que não possuem impacto no sistema.

Vale ressaltar que nas Cartas Técnicas do *release* são publicados todos os itens que impactam qualquer participante em qualquer parte do mundo. Cabe a cada um dos participantes entender quais os itens aplicáveis à sua instituição e, com base nesses itens, desenvolver as alterações necessárias.

Por isso, é de extrema importância que cada participante identifique os itens aplicáveis e efetue os desenvolvimentos ou adaptações necessárias. Quando chegar a data de implantação, conhecida como "Data Muro", as bandeiras irão fazer os testes, certificarão e testarão as alterações efetuadas e posteriormente, implantarão os itens, sem volta.

Assim, mais uma vez, é importante lembrar que geralmente as regras são para todos os participantes daquela categoria, e, se um dos participantes não implantar, ficará aquém dos demais e sofrerá as consequências.

Consequências de Não Implantação de um Item do Release ou Boletim

O mercado de meios de pagamento é um mercado com a relação "Ganha-Ganha".

Quando uma parte do ecossistema faz bem o seu trabalho, todos ganham, e o objetivo é que uma transação seja aceita da forma mais rápida e segura possível. Dessa forma, o Portador do cartão ganha, pois efetua sua compra, o estabelecimento comercial ganha, com a venda efetuada, o Emissor ganha, com o intercâmbio daquela transação, o Adquirente ganha, com o MDR (Merchant Discount Rate), taxa cobrada dos comerciantes pela transação, e a bandeira ganha o *fee* devido.

Então, é imprescindível pensar em um sistema onde todos devem estar alinhados e com as mesmas regras e, faz-se isso seguindo e desenvolvendo os itens que são publicados nos *releases* e nos boletins.

A não implantação de um item publicado nos *releases* pode acarretar no mau funcionamento do sistema ou da comunicação entre os participantes. Quando isso acontece, cabe à bandeira tomar ações para garantir que o participante que está em falta faça as devidas atualizações.

Por si só, a maioria dos itens não implantados são autopunitivos e o participante que opta pela não implantação, provavelmente, deixará de capturar aquela transação. Um exemplo seria quando a bandeira publica um novo produto, sendo que o emissor que não implantar não poderá ter mais uma opção de venda e o credenciador que não implantar não irá capturar aquele produto.

Então, entendemos que o principal prejudicado no desenvolvimento, sem dúvida, é o participante que não desenvolveu o item.

Quando se analisa um item, é fundamental ter em mente o risco daquela implantação. Se o participante não desenvolver, poderá ter risco de não emissão ou captura? Causará prejuízo ao sistema? Deixará a sua operação mais vulnerável? Deixará de cumprir alguma padronização? Quanto deixará de ganhar caso opte pela não implantação?

Respondidas essas perguntas, e, caso opte-se pela não implantação, chega a hora de entender se necessitará informar à bandeira, ou se poderá simplesmente seguir seu processo sem causar prejuízo a nenhuma ponta.

Caso trate-se de um item que não será atendido nesse momento, cuja comunicação é mandatória, deve-se solicitar um *waiver* (dispensa de uma exigência ou de obrigações) à bandeira.

PENALIZAÇÕES POR ITENS NÃO IMPLANTADOS

As bandeiras fazem monitoramento constante de seus sistemas e mensagerias, pois além de trafegar informações confidenciais e financeiras, devem garantir que todos os seus membros estão de acordo com suas regras.

Ao identificar uma não-conformidade, ela possui a autonomia de penalizar o participante, através de sinalizações, cobrança de multas e, em casos mais graves, até exclusão do membro de sua rede.

Nessas penalizações, as multas por não conformidade, geralmente, são categorizadas em:
- Natureza da infração;
- Gravidade da infração;
- Proporcionalidade e razoabilidade da infração;
- Consequências da infração.

E, geralmente, aplicam-se diversas categorias, podendo se sobrepor em uma mesma penalização:
- Uso indevido da marca;
- Eficiência e desempenho operacional;
- Número elevado de ocorrências de *chargeback* (devolução de pagamento);
- Níveis de aprovação;
- Não cumprimento de regras e normas contratuais;
- Informações cadastrais fora do padrão;
- Assuntos variáveis.

Um exemplo seria quando o adquirente é responsável por realizar validações nos dados de todos os estabelecimentos antes de aprová-lo para realizar transações. Se o adquirente aprova um estabelecimento suspeito, sem realizar as validações necessárias, e esse estabelecimento passa a apresentar um alto índice de transações fraudulentas, provavelmente, acarretará a abertura de muitos *chargebacks* e em baixos níveis de aprovação por parte da bandeira e dos emissores.

Assim, o adquirente poderá sofrer sobreposições de várias multas, como:
- Falta de eficiência operacional no processo de credenciamento quando os dados dos estabelecimentos deveriam ter sido validados;
- Número elevado de *chargebacks* abertos pelos portadores que podem não ter recebido seus produtos;
- Baixo índice de aprovação devido à desconfiança dos demais participantes de que se trata de um estabelecimento não confiável.

EMISSOR

O emissor, também chamado de empresa administradora do cartão, normalmente é uma instituição financeira, principalmente os bancos, que emitem o cartão que poderá oferecer as funções de crédito, débito ou pré-pago.

O emissor é licenciado pela bandeira para operar dentro do ecossistema, sendo responsável pela autorização da transação e realização da cobrança ao portador, através da fatura do cartão de crédito, ou do débito na conta corrente do correntista, no caso do débito, e realiza o repasse deste valor ao adquirente, que fará o pagamento ao estabelecimento.

O emissor define o limite máximo de crédito do cartão, o valor de taxas e tarifas, a anuidade e os programas de pontos relacionados ao cartão, por exemplo.

- **Tabela de BINS (Emissor)**

Quando uma instituição se torna emissora de cartão de uma bandeira, a instituição deve adquirir um range de BINs e esse range será determinado pela bandeira, que valida as numerações que ainda não estão em uso, conforme citado anteriormente.

Como vimos, o *range* de BINs determina uma faixa de numeração cujos cartões serão do mesmo produto, emitidos pelo mesmo emissor e com as mesmas configurações, assim, o *range* adquirido pertencerá, exclusivamente, a um único emissor.

O emissor define, então, qual produto caberá no range e registra essa informação junto à bandeira que irá divulgá-la para todos os adquirentes.

PORTADOR

É a pessoa interessada em adquirir bens ou contratar serviços pagando com cartão de crédito, débito ou pré-pago, podendo ser o titular da conta em que está atrelado o cartão, ou outro portador que possua um cartão adicional.

O portador realiza a compra e negocia a forma de pagamento com o lojista, sendo este responsável por efetuar o pagamento da compra ao emissor.

ADQUIRENTE OU CREDENCIADOR

É a instituição licenciada pela bandeira para operar dentro do arranjo, sendo responsável por habilitar os estabelecimentos a aceitar os pagamentos com cartões.

Seus principais clientes são os estabelecimentos comerciais e os facilitadores de pagamento, que fazem a ponte entre o lojista e a adquirente.

A adquirente possui uma rede de terminais, chamada de máquinas de venda ou POS *(Point of Sale)*, ou ainda maquininha, que realizam as capturas das transações e as enviam para a bandeira e para a aprovação do emissor. Após a aprovação, o adquirente é o responsável por realizar o pagamento da compra ao estabelecimento comercial.

O adquirente deve realizar o processo de credenciamento do estabelecimento para garantir que ele não ofereça riscos ao sistema, por exemplo, lavagem de dinheiro ou fraude.

Após o processo de credenciamento, o adquirente aluga ou vende o POS ao lojista.

Os maiores credenciadores no Brasil são Cielo (Bradesco e Banco do Brasil), Rede (Itaú), Getnet (Santander), Elavon/Stone (*joint* de subsidiárias do Citibank e Citigroup), PagSeguro (UOL), BIN (*First Data*) e Vero (Banrisul).

SUBADQUIRENTE

Apesar de não ser necessário no processo de autorização de uma compra, ele faz o papel de facilitador entre o estabelecimento e o adquirente, provendo a infraestrutura tecnológica para auxiliar o estabelecimento e, em troca, cobrando como tarifa um percentual das transações ou oferecendo produtos de antecipação de recebíveis.

Atualmente, o subadquirente é um importante parceiro de negócio dos adquirentes e dos estabelecimentos, principalmente no comércio eletrônico. Atualmente, as empresas desse mercado são: Mercado Pago (do Mercado Livre), *PayPal, PicPay e PayU.*

GATEWAY DE PAGAMENTO

Um *gateway* de pagamento é um serviço destinado a lojas virtuais (*e-commerce*), SaaS (*Software as a Service – Software* como Serviço), PaaS (*Platform as a Service –* Plataforma como Serviço) e empresas de grande porte. O *gateway* é mantido por uma operadora financeira, que autoriza pagamentos de transações feitas online em *websites* de empresas ou pessoas físicas. Seria o equivalente a um "ponto de venda" físico convencional com um terminal para leitura de cartões de crédito e análise de crédito presente na maioria das lojas varejistas.

O *gateway* protege as informações de cartões de crédito, bem como outros dados sensíveis, por meio de criptografia, para garantir que as informações trafeguem de forma segura do computador do cliente para o do vendedor; e do vendedor para o da instituição financeira que irá processar o pagamento.

Um *gateway* de pagamento é uma interface entre lojas, clientes e instituições financeiras, facilitando as transações eletrônicas. Para simplificar, o *gateway* funciona como uma máquina de cartão, só que com todo o processo acontecendo remotamente na internet.

Ele transmite as informações da transação para o adquirente, que, por sua vez, comunica-se com a bandeira do cartão e solicita a aprovação para a compra.

Um benefício que os *gateways* de pagamento oferecem é a possibilidade de fazer o pagamento dentro do *site* ou aplicativo, sem a necessidade de redirecionar o cliente para outro *site*. Esse é um método que aumenta a confiança do cliente no momento da compra.

A maioria dos *gateways* fornece relatórios e painéis administrativos das vendas, ajudando na administração da loja, além de também ser adaptável e de fácil customização para qualquer tipo de *site*.

Um *gateway* de pagamento realiza a conexão entre os elementos de uma transação, sendo os estabelecimentos comerciais, clientes e instituições financeiras, além de apoiar nas transações de crédito, boleto e, em alguns casos, também podendo realizar o processo por meio telefônico.

Quando um consumidor faz um pedido de compra em algum *website* de um lojista, os dados do pedido são enviados ao *gateway* de pagamento selecionado pelo sistema para que realize todos os procedimentos para processar o pagamento e, na sequência, envie o resultado de volta para o *website* do lojista (*e-commerce*), finalizando ou não a venda.

Para o lojista, ter mais de um *gateway* é importante caso o serviço principal esteja indisponível, e, dessa forma, o lojista terá uma contingência e o sistema escolhe automaticamente o outro *gateway* (contingência), para não perder a venda.

Se o pedido for realizado via *website*, então, os dados do pagamento passam a ser feitos diretamente entre o consumidor (Portador) e o *gateway* de pagamento, de forma criptografada via SSL (*Secure Sockets Layer*, protocolo de criptografia projetado para a Internet para uma comunicação segura), ou seja, os dados não passam pelo servidor do lojista (*e-commerce*).

O servidor do lojista só recebe o resultado da transação que foi realizada entre o *gateway* de pagamento e a instituição financeira do comprador, que pode ser concluída (aprovada), em processamento, ou não concluída (negada). O sistema do lojista (*website*) tomará as decisões conforme for o resultado recebido do *gateway* de pagamento. Normalmente, todo o processo da transação levará em torno de 2 a 3 segundos.

Além das opções de pagamento disponíveis, o *gateway* possibilita outros serviços, como validação antifraude, funcionalidades de estorno integral, parcial ou em lote.

BENEFÍCIOS DO GATEWAY

A utilização de um *gateway* de pagamentos possui uma série de vantagens em um processo de venda para o lojista e para todo o ecossistema de meios de pagamento.

- **SEGURANÇA**

Sabemos que todo usuário que realiza uma compra virtual, na internet ou aplicativo móvel tem a grande preocupação que seus dados sejam furtados e utilizados de forma criminosa.

Afinal, é preciso dar informações importantes no momento do pagamento, como o número e a chave de segurança do cartão de crédito. Para evitar esse problema, *gateways* de pagamento utilizam tecnologias de proteção contra-ataques maliciosos para roubo de informações, pois todo o ambiente tecnológico possui *firewalls* e protocolos que criptografam os dados no momento da transmissão tanto quanto os que ficam armazenados nos servidores de banco de dados.

Dessa forma, as informações enviadas pelo cliente ficam protegidas de qualquer invasor. Outro ponto importante é que os dados enviados pelo comprador não ficam armazenados nos servidores do lojista, possibilitando um maior controle e a responsabilidade de proteção das informações.

Outro trabalho importante dos *gateways* é proteger o próprio lojista contra compradores falsos, ele realiza análises de risco completas em cada transação, utilizando como base as várias informações e cruzando no momento da transação. Dessa forma, tem-se uma análise de risco completa, detectando uma possível fraude no momento da compra. Se encontrado algum risco que caracterize uma fraude, o processo é cancelado e a compra não é aprovada.

• **CHECKOUT TRANSPARENTE**

Um outro serviço que os *gateways* de pagamento oferecem é ode fazer o pagamento dentro do *site* ou aplicativo, sem a necessidade de ficar redirecionando o cliente para outro *site*. Com isso, aumenta a confiança do cliente no momento de realizar a compra.

O *checkout* é o momento final de uma compra, e, muitas vezes, o cliente abandona, seja pelo fato de o valor final do carrinho ser muito alto, seja, como na maioria das vezes, pela complexidade no processo de pagamento. O *gateway* facilita o processo do *checkout* por ser uma empresa especializada nesse processo, pois muitos possuem sistemas onde o pagamento pode ser feito em uma única página, gerando compras mais rápidas, simples e com maior taxa de conversão.

• **DIVERSIDADE DE OPÇÕES**

Outra grande vantagem de um *gateway* de pagamento é que eles possuem contratos com várias bandeiras, permitindo ao lojista aceitar diferentes bandeiras de cartão. Os *gateways* oferecem também outros serviços, como assinaturas de pagamentos recorrentes, por exemplo, "Zero Dólar" para validação do cartão com o emissor e bandeira, auxiliando o cadastro da forma de pagamento.

Sem esses recursos, seriam precisos contratos independentes com cada instituição financeira de acordo com as bandeiras do mercado.

ESTABELECIMENTO

É a empresa ou prestador de serviço que está interessada em vender ou prestar um serviço e receber o pagamento através do cartão de crédito ou débito, podendo ser uma loja física, *on-line* ou app.

O estabelecimento define as formas de pagamento de seu serviço, por exemplo, em quantas prestações a compra pode ser paga, limitado ao número máximo de prestações disponibilizadas pela bandeira.

Para ter acesso a uma maquininha de pagamento ele deve alugar ou adquiri-la de um adquirente.

EPS – EMPRESAS PRESTADORAS DE SERVIÇOS

Algumas atividades e serviços, também importantes por definição estratégica, muitas vezes são contratados em empresas prestadoras de serviços que agregam, por sua vez, expertise no serviço especificado, eficiência em custos e capacidade de expansão com maior agilidade, sendo parceiras na capacidade da elasticidade do negócio.

Nesse sentido, os serviços como *call center*, BPO financeiro, *servisse desk, data centers,* telecom e operadores logísticos são exemplos que compõem a estrutura do ecossistema de meios de pagamento.

Dentre as principais categorias de prestadores de serviços, temos:

• **CONCILIADORAS**

Em um ecossistema com muitos participantes em meios de pagamento e suas capturas, a conciliadora tem um papel fundamental nessa cadeia, através da aplicação do conhecimento técnico na normatização dos dados transacionais das adquirentes e seus produtos

Elas realizam a entrega dos extratos de movimentação financeira de acordo com o modelo de negócio. Isso ocorre tanto de forma integrada nas soluções de ERP e *software* de gestão de meios de pagamento quanto no modelo *Stand-alone*, por meio de portal *web* ou *app*.

• **PROCESSADORAS**

As processadoras são empresas que prestam serviços operacionais relacionados à administração de cartões e respectivas transações, como emissão de fatura, processamento de transações e atendimento aos portadores e estabelecimentos.

As empresas processadoras de cartões de crédito e débito no Brasil podem trabalhar com uma série de bandeiras e, desse modo, atender a um número maior de clientes. Além disso, essas empresas são responsáveis por fornecer uma assistência para os pequenos, médios e grandes varejistas, evitando fraudes e outros tipos de problemas.

EMBOSSADORA

A emboçadora é a empresa responsável por gravar os dados no cartão, como o nome do titular, o número do cartão, a validade, o número da conta, quando o cartão possui alto relevo.

Essas informações são semelhantes ao alfabeto braile e são brilhantes para que possam ser vistas facilmente, porém alguns cartões já estão sendo emitidos com o nome impresso sem ser em alto relevo.

Um cartão embossado é o nome dado para um cartão com os dados impressos em alto relevo.

No passado, os adquirentes utilizavam "máquinas" chamadas de "mata pulga" para obter os dados dos cartões e efetuar a captura da transação no estabelecimento comercial, que, posteriormente, eram enviados para a área de operações do adquirente.

A máquina "mata pulga" possuía um mecanismo com o cartão por baixo de um papel carbono, que copiava os dados que estavam em alto relevo, através de um processo de pressão do papel carbonado sobre o cartão do portador.

O processo envolvia colocar um *"slip"* na máquina "mata pulga" e fazer um movimento de vai e volta com uma superfície rígida sobre um papel com 3 (três) vias, com um papel carbono entre elas.

As três vias eram separadas, de forma que uma via ficava com o portador do cartão, uma outra ficava com o lojista, e uma terceira era enviada para o adquirente. Esse processo não mudou atualmente, porém, ele é eletrônico e possui as vias do POS ou PDV para o portador e para o estabelecimento.

Atualmente, alguns comerciantes ainda podem ter equipamentos que lhes permitem fazer impressões de carbono, utilizando o famoso "mata-pulgas", pois o Brasil é um país de dimensões continentais e alguns locais não possuem acesso à tecnologia disponível.

Em alguns lugares do mundo, existem estabelecimentos que podem usar dispositivos de cartão em relevo, "mata pulgas", quando os terminais eletrônicos não estão funcionando ou quando um cartão está danificado.

O processamento de cartão embossado foi amplamente utilizado quando os cartões de pagamento eletrônico foram introduzidos pela primeira vez, devido ao processo físico de registro dos dados, "acelerando" o processo de venda.

O uso de impressões físicas para transações com cartões embossados diminuíram com o desenvolvimento de novas tecnologias que proporcionaram um processamento mais rápido e eficiente.

CAPÍTULO 4

ADQUIRÊNCIA

∽

Como descrito anteriormente, a responsabilidade do adquirente é a de defender os interesses dos estabelecimentos comerciais diante das regras dos arranjos das bandeiras e a apresentação e incentivo à utilização das boas práticas do mercado.

CREDENCIAMENTO

Este é o processo inicial, onde tudo começa e deve ser definido com equilíbrio entre a facilidade e a praticidade de entrada do estabelecimento versus a garantia e a validação dos dados desse estabelecimento. É nesse momento que o adquirente deve demonstrar todas as ações e iniciativas no atendimento a um item importante das bandeiras.

Essa obrigação é cada vez mais cobrada pelas bandeiras e órgãos reguladores e é um tema importante na rentabilidade das empresas, pois com a ampliação de participantes nos arranjos aumenta a possibilidade de entrada de CPFs e CNPJs com o intuito de comercialização de produtos proibidos, realização de crimes ou conivência em fraudes.

Com o avanço de canais digitais e a preocupação com a experiência do estabelecimento no início de seu relacionamento com a empresa, os processos atuais são realizados sem documentação suporte e por meio de consultas em diferentes *bureaus* e bases de dados. Nesses *bureaus* e bases de dados podem ser encontradas informações relativas ao tamanho da empresa, constituição societária, ramos de atuação e atividades econômicas e, em algum deles, restrições ou dívidas.

No processo de avaliação dos dados do cliente, deve ser validada a atividade econômica do estabelecimento através do CNAE (Código Nacional de Atividade Econômica) primário e secundário, constantes do cadastro de CNPJ, para a definição do MCC (*Merchant categorycode*) no cadastro desse estabelecimento comercial. Essa relação CNAE versus MCC é de suma importância, pois é por meio dessa relação que se definirá a precificação da MDR e suas variações de cobrança.

Vale ressaltar que é por meio do MCC dos estabelecimentos comerciais que serão aplicadas as diferentes taxas e cobranças pelas bandeiras.

O tema é tão relevante que a própria ABECS (Associação Brasileira das Empresas de Cartões de Crédito e Serviços) possui processo próprio apoiado pelas bandeiras para definição e determinação de MCCs para uma relação de CNPJs de grandes clientes. O não atendimento a essa regra para a pronta atualização dos MCCs desses CNPJs, pode incorrer em multas pelas bandeiras.

Além de conhecer a atividade, outros pontos são também relevantes no processo de KYC (*Knowledge Your Customer*), como a análise de crédito, visando a avaliar a saúde financeira e a legitimidade da renda, bem como a avaliação de risco ou fraude, com o intuito de detectar padrões suspeitos.

Nessa etapa, também devem ser avaliados os critérios exigidos pelas bandeiras e órgãos regulatórios sobre lavagem de dinheiro, combate ao terrorismo e pessoas politicamente expostas.

INSTALAÇÃO DOS TERMINAIS

Independentemente do tipo de tecnologia a ser utilizada pelo cliente, o adquirente precisa ter definido um fluxo operacional e integração com os fornecedores que participam do processo, para que os terminais possam ser instalados fisicamente, como é o caso do POS e Pin Pad, ou logicamente para terminais de *e-commerce* e instalação do TEF (Transferência Eletrônica de Fundos).

Com as dimensões continentais do Brasil e complexidade logística do país, a atuação do adquirente deve ser bem analisada, pois é decisão fundamental na busca e definição estratégica de múltiplos parceiros, em como serão dados e distribuídos os estoques de "maquininhas", nas integrações necessárias para envio dos pedidos de instalação e na manutenção, e toda gestão dos prazos de atendimentos (SLAs).

Outra importante decisão a ser analisada é o modelo de atuação para os terminais físicos, que poderão ser vendidos ou locados. Essa decisão implicará em maior ou menor controle de prazos de garantias do equipamento após a venda e de que forma a manutenção desses terminais vendidos será oferecida (gratuita ou cobrada).

A entrega e instalação de equipamentos podem ser importantes aliados para a área de risco e prevenção a fraude no processo de KYC (*Know Your Costumer*), dado que, muitas vezes, será a primeira e única vez que o adquirente terá contato real com o estabelecimento comercial, já que, cada vez mais, a prospecção e credenciamento vem sendo realizada de forma digital.

Uma das etapas do processo de credenciamento é a definição do tipo de tecnologia a ser utilizado pelo cliente. Atualmente, temos:

- **POS** (*Point of Sales*)

O POS é um equipamento conectado a uma linha telefônica (linha discada) ou utiliza uma placa de celular (móvel) para se conectar à internet e transmitir os dados da venda. Ele tem uma tela para demonstrar os passos das transações e teclado para digitação de senha e configuração do equipamento. É a solução mais conhecida como "maquininha" de cartão.

O credenciamento é realizado pelas empresas adquirentes (credenciadoras), sendo necessário um contrato para utilização do meio de pagamento, em que são estabelecidos acordos e taxas.

- **TEF (Transferência Eletrônica de Fundos)**

    O TEF, também chamado de PDV (Ponto de Venda), é uma solução de pagamento eletrônico para estabelecimentos comerciais, que realiza a gestão dos pagamentos eletrônicos integrada com a solução de automação comercial da loja.

    O *software* fica instalado no computador do caixa no estabelecimento, no qual o Pin Pad também fica conectado, possibilitando a digitação da senha.

    Componentes do TEF:
    - TEF *House*: empresa responsável por desenvolver o *software* e integrar com as adquirentes,
    - Integradora ou *Software house*: empresa responsável por revender o *software* desenvolvido pela *Tef House*, fornecer a automação comercial e realizar a integração.

    Assim como para POS, o TEF deve ser credenciado pelo adquirente, responsável por negociar as taxas de transação e integrar com o TEF para autorizar transações e pagamentos.

    Sendo que temos três opções de TEF no mercado:

- **TEF Dedicado**

    É indicado para empresas com grandes volumes de transações e, principalmente, para cadeia de lojas (com mesmo CNPJ), possibilitando um único concentrador TEF. Deve ser integrado à automação comercial e certificado pelo adquirente.

- **TEF Discado**

Atende à demanda de automação gerada pelos estabelecimentos comerciais, cuja relação custo/benefício não justifique a solução TEF Dedicado. O *software* é previamente configurado para permitir o acesso, devendo ser integrado às automações comerciais de mercado e certificado pelo adquirente.

- **TEF IP (Internet Protocol - Protocolo Internet)**

A solução TEF IP destina-se a estabelecimentos cujo fluxo de transações seja alto e que, por consequência, não pode ser atendido por um POS ou TEF Discado.

Com esta solução, o estabelecimento mantém um canal direto (24 horas por dia), em protocolo IP, proporcionando agilidade e rapidez no tráfego das informações. O TEF IP tem as mesmas características das soluções TEF Dedicado e Discado, devendo ser integrado às automações comerciais de mercado e certificado pelo adquirente.

COMÉRCIO ELETRÔNICO

Para o comércio eletrônico, o lojista pode escolher a forma de pagamento via contratação de um *gateway* ou subadquirente ou ainda via integração direta com o adquirente.

Assim como nos casos de POS e TEF, o credenciamento é realizado pelo adquirente, sendo necessário seguir as normas estabelecidas por este.

WALLETS

As carteiras digitais, também conhecidas como e-wallets ou apenas *wallets*, permitem fazer transações eletrônicas em ambiente digital. Atrelado a um cartão de crédito ou acrescentando fundos com depósitos bancários ou até mesmo boleto, permite transferir valores ao realizar pagamentos por meios dos métodos digitais como QR *Code* ou e-*commerce*.

CAPÍTULO 5

CAPTURA

⚭

Neste capítulo, iremos descrever e explicar sobre os métodos e atividades relativas à captura e autorização de transações.

A solicitação de autorização é um dos tipos de mensagem utilizado na comunicação no ecossistema de pagamentos entre as entidades participantes dos arranjos. A solicitação de autorização é a venda propriamente dita. É a utilização de um cartão de crédito ou débito, físico ou virtual, em forma presencial ou online.

Conceitualmente, podemos dizer que existem 2 tipos de solicitações de autorização para cartões bandeirados no que tange ao caminho da transação, saindo do adquirente e chegando até o emissor. Existe um fluxo passando pela bandeira (*OFF US*) e um outro diretamente do adquirente até emissor (*ON US*). Eles são conhecidos como descrito a seguir.

ON US

O fluxo chamado de *ON US* ou comunicação direta entre adquirentes e emissores é um modelo operativo realizado por meio de acordos bilaterais entre as partes e, em alguns casos, com consentimento do arranjo desse cartão. Esse tipo de autorização foi utilizado no passado no Brasil para as transações de débito da Visa, de emissores Bradesco e do Banco do Brasil na rede da Visanet (atual Cielo). Outro exemplo foram as transações da Redeshop, em que o emissor Itaú realizava transações na rede da Redecard (atual Rede).

Vale dizer que toda infraestrutura, mensageria, direcionamento dos BINs e adaptação dos autorizadores de adquirentes e emissores foram pensados e implementados para que esse tipo de transação ocorresse no passado.

Atualmente, esse tipo de solicitação de autorização não está mais em uso, devido à quebra de exclusividade, às regulamentações do Banco Central, aos arranjos e à quantidade de redes de captura dos adquirentes.

Por fim, esse tipo de transação não deve ser confundindo com transações do tipo Van ou de *Private Label*.

OFF US

É o caminho tradicional, onde a transação sai de um terminal do adquirente, passando pela bandeira e chegando até o emissor do cartão. Se validados todos os requisitos de segurança e o cliente possuindo saldo, no caso do débito, ou limite, no caso do crédito, a transação é aprovada, retornando ao terminal pelo mesmo caminho; a compra é concluída.

MODELOS DE CAPTURA

Além dos modelos descritos acima, existem os seguintes modelos de captura:

- **VAN** (*ValueAdded Network*)

Esse modelo é encontrado em bandeiras regionais ou de menor porte. Essas empresas para parte de sua rede de captura fazem todo o processo de credenciamento, instalação de terminais, manutenção de terminais, autorização e liquidação das transações, porém para uma outra parte utiliza os terminais dessas grandes redes para aceitação de suas transações.

Para tal, são realizados acordos entre essas empresas e as redes de captura de outras regiões, ou, ainda, empresas de maior porte, para que esse tipo de transação seja direcionado desses terminais do adquirente para o seu autorizador da bandeira.

Isto é, uma bandeira da região não precisará desenvolver e ter capacidade de instalação e manutenção em todo território nacional, utilizando assim a capilaridade e ganho de escala de rede do adquirente para que seus portadores possam realizar as compras nessas regiões.

Importante ressaltar que os processos de credenciamento e liquidação ainda ficam sob responsabilidade da bandeira regional, pois os dados cadastrais, incluindo domicílio bancário e as MDRs, são atividades desenvolvidas pelas bandeiras, nesse caso.

Nesse modelo, é necessário que seja criado um mecanismo entre a bandeira regional e o adquirente para habilitação do estabelecimento para aceitar os cartões dessa bandeira. Geralmente, esse mecanismo é um arquivo *batch* (em lote) trocado diariamente entre as partes para habilitar e desabilitar essa bandeira nos estabelecimentos do adquirente. Esses arquivos podem possuir variações de dados trafegados, mas geralmente são enviados CNPJ e tipo de produto que será habilitado (ex. crédito, débito, parcelado, máximo de parcelas, entre outros).

Esse modelo traz vantagens para ambos os lados. Para a bandeira, temos a capilaridade, menor custo de expansão e manutenção da receita da MDR. Já ao adquirente, os benefícios são a tarifa por transação capturada – aprovada ou negada, e aceitação de novas bandeiras no POS.

Ainda em relação a esse modelo, podemos destacar que ele pode ser utilizado para cartões *Cobranded* dos emissores que também são grandes varejistas ou detentores de grandes cadeias de lojas. Os cartões desses emissores, dentro de suas lojas, transacionam pela "bandeira" do varejista no modelo VAN na rede do adquirente, porém esse mesmo cartão em todos os demais estabelecimentos funciona no modelo *OFF US*. Como curiosidade, o identificador ou informação chave para definir se será transacionado com VAN ou *OFF US* são: o CNPJ e o BIN do cartão.

• **Voucher**

Entendido o modelo Van descrito acima, o modelo *Voucher* se utiliza do mesmo padrão, porém, focado em bandeiras e produtos específicos relativos ao Programa de Alimentação do Trabalhador PAT - LEI No 6.321, DE 14 DE ABRIL DE 1976LEI No 6.321, DE 14 DE ABRIL DE 1976 *.

Segundo dados de 2018, do Atlas do PAT do *site* do governo brasileiro, existiam 1064 Empresas Prestadoras deste Tipo de Serviço.

TIPOS DE MENSAGEM E MAPA DE *BYTES*

Novos formatos e meios para integrações e intercomunicação entre os *players* para envio e realização das transações vêm evoluindo, onde podemos citar as APIs (*Application Programming Interface*), mas, ainda hoje, as integrações baseadas na norma ISO 8583 são as mais utilizadas.

A norma ISO 8583 especifica um padrão internacional de mensageria, pelo qual transações originadas por cartões são realizadas entre adquirentes e emissores. Foi definida pela Organização Internacional de Padronização e especifica a estrutura da mensagem, fluxo de comunicação, formato e conteúdo, elementos de dados e valores dos elementos de dados.

A primeira versão da norma foi publicada em 1987, sendo esse o padrão adotado pelas principais bandeiras globais. Posteriormente, novas versões foram publicadas em 1993 e 2003.

TIPOS DE CAPTURA

Cartão "Não Presente" e "Presente"
Quando uma transação é realizada sem a presença física do cartão, é definida como "cartão não presente" (CNP). Nesses casos, a compra é efetuada a distância, infor-

mando o número do cartão, data de validade, código de verificação e dados do portador.

Nesses casos, aumenta-se o risco de fraudes, e, por isso, além de taxas de desconto maiores, os estabelecimentos precisam reforçar as soluções de segurança.

Em contrapartida, o tipo "cartão presente" (CP) refere-se à transação realizada pela leitura do cartão por um terminal. A compra é concluída mediante digitação da senha ou assinatura no comprovante.

Tarja Magnética

Os cartões magnéticos (também conhecido como *magstripe*) são cartões em PVC (plástico), que recebem uma tarja magnética em sua parte traseira, sendo que o conteúdo é inserido na gravação da tarja magnética e distribuído em três linhas de dados alfanuméricos (letras e números).

As linhas mais utilizadas são as duas primeiras, pois nelas são possíveis gravar dados alfanuméricos (letras e números), tais como, nomes e números, entre outros.

Na terceira linha (trilha de leitura e escrita) são inclusos os dados mais restritos, como senhas codificadas, unidade monetária, país, limite de crédito no caso de cartão de crédito e outros dados. Quando esses dados são decodificados em um leitor específico, as informações são transmitidas pelo equipamento que realiza a leitura.

Chip

O chip, ou microchip do cartão, contém dados essenciais para efetuar a transação de forma mais segura. Dentro do chip estão informações como método de verificação do *Cardholder* (CVM), ou seja, as formas ou regras que as operadoras têm para verificar se quem está usando o cartão é realmente o proprietário.

NFC /CONTACTLESS (PAREI AQUI)

Por meio da tecnologia NFC (*Near Field Communication*) ou *contacless* (sem contato), é possível realizar transações apenas aproximando o cartão, ou o celular de um leitor móvel de cartão, de uma máquina de cartão, ou mesmo de outro celular.

Ao aproximar o cartão, ou o celular deum leitor compatível, ou de outro celular, a conexão é feita via radiofrequência. Para isso, é necessário que ambos os aparelhos estejam entre 2e10 cm de distância — isso pode variar um pouco de acordo com o alcance dos dispositivos móveis.

QR Code

O QR *Code(Quick Response Code)*, ou Código de Resposta Rápida, foi criado nos anos 1990 para otimizar a logística da indústria automotiva japonesa. É um código de barras em 2D, no formato de um quadrado, que pode ser lido pela câmera do smartphone com a ajuda de um aplicativo. Após ser decodificado pelo computador, ele se transforma em textos, números ou um link.

Apesar de semelhante ao código de barras, ele tem três vantagens importantes:
- Armazena um maior volume de dados. Um QR *Code* pode conter até 7.089 dígitos ou 4.296 caracteres, incluindo caracteres especiais e pontuação;

- Permite criar redundância, ou seja, ele pode ser lido mesmo que uma parte do código seja danificada;
- É mais seguro, pois a informação pode ser criptografada.

Carteiras Digitais

As carteiras digitais são serviços que fazem a intermediação do relacionamento entre a conta bancária de um cliente e o caixa de uma loja. Nesse contexto, os usuários criam contas no serviço digital e acrescentam fundos em sua carteira de várias formas, desde transferências diretas e boletos até a integração com cartões de crédito e débito.

Wearables

São as chamadas "tecnologias vestíveis" que, na verdade, são roupas ou acessórios capazes de se conectar com outros aparelhos ou à internet. *Wearables* também são uma aposta que poderá transformar a forma de fazer pagamentos nos próximos anos. Teremos mudanças não só no *mobile*, mas também em outros dispositivos, visto que tudo leva a crer que as pessoas deixarão de utilizar a carteira convencional e passarão a utilizar aplicativos que irão substituir as formas de pagamento e, até mesmo, os documentos pessoais.

ESTRUTURA DA MENSAGEM

Uma mensagem ISO é composta pelas seguintes partes, como mostrado abaixo:

MessageTypeIdentifier (MTI)	*Primary Bitmap*	*Secondary Bitmap*	Data elements

MTI- *MESSAGETYPEIDENTIFIER*

O indicador do tipo de mensagem é um campo numérico de quatro dígitos, que indica a função geral da mensagem. Um indicador de tipo de mensagem inclui:

POSIÇÃO	DESCRIÇÃO
0xxx	Versão da ISO 8583
x1xx	Classe da mensagem
xx1x	Função da mensagem
xxx0	Origem da comunicação

VERSÃO DA MENSAGEM ISO 8583

POSIÇÃO	SIGNIFICADO
0xxx	Versão ISO 8583:1987
1xxx	Versão ISO 8583:1993
2xxx	Versão ISO 8583:2003
3xxx	Reservado para uso da ISSO
4xxx	Reservado para uso da ISSO
5xxx	Reservado para uso da ISSO
6xxx	Reservado para uso da ISSO
7xxx	Reservado para uso da ISSO
8xxx	Reservado para uso nacional
9xxx	Reservado para uso privado

CLASSE DA MENSAGEM

A segunda posição do MTI indica o propósito geral da mensagem, como mostrado na tabela abaixo:

POSIÇÃO	SIGNIFICADO	UTILIZAÇÃO
x1xx	Autorização	Determina se há fundos disponíveis, obtém uma aprovação, mas não lança na conta para reconciliação. É usado na comunicação *dual message system* (DMS).
x2xx	Financeira	Determina se há fundos disponíveis, obtém uma aprovação, e realiza o lançamento na conta para reconciliação. É usado na comunicação *single message system*
x3xx	Modificação	Adicionar, alterar, substituir ou deletar mensagem
x4xx	Reversão	Reversão ou *chargeback* de transações
x5xx	Reconciliação	Transação de reconciliação
x6xx	Administrativas	Transação administrativa
x7xx	*Feecollections*	Cobrança de taxas e acertos financeiros
x8xx	Gerenciamento da Rede	Mensagens de rede (troca de chaves, *logon*)
x9xx	Reservado para ISO	Uso reservado

FUNÇÃO DA MENSAGEM

A terceira posição do MTI especifica a função da mensagem, que define como o fluxo da mensagem deve ocorrer dentro do sistema. Requisições (*requests*) são mensagens de fim-a-fim (i.e.: do terminal para o autorizador do adquirente, e de volta possuindo tempo limite para ser respondida e reversão automática quando este for atingido).

Enquanto os avisos (*advices*) são mensagens de ponto-a-ponto (i.e.: do terminal para o adquirente, do adquirente para a rede, da rede para o emissor), com transmissão garantida em cada *link*, porém, não necessariamente de imediato (elas acontecerão em algum momento).

POSIÇÃO	SIGNIFICADO	UTILIZAÇÃO
xx0x	Requisição	Solicitação do adquirente ao emissor para a realização de uma ação; o emissor pode aceitar ou rejeitar
xx1x	Resposta da requisição	Resposta do emissor a uma solicitação
xx2x	Aviso	Aviso de que uma ação ocorreu, o receptor só pode aceitar, não rejeitar
xx3x	Resposta do aviso	Resposta a um aviso
xx4x	Notificação	Notificação de que um evento ocorreu, o receptor só pode aceitar, não rejeitar
xx5x	Reconhecimento da notificação	Resposta a uma notificação

xx6x	Instruções	
xx7x	Reconhecimento da instrução	
xx8x	Reservado para ISO	Algumas implementações (como MasterCard) usam para reconhecimento positivo.
xx9x	Reservado para ISO	Algumas implementações (como MasterCard) usam para reconhecimento negativo.

Abaixo, na figura 2 está a lista com as classes e função das mensagens mais usados entre instituições:

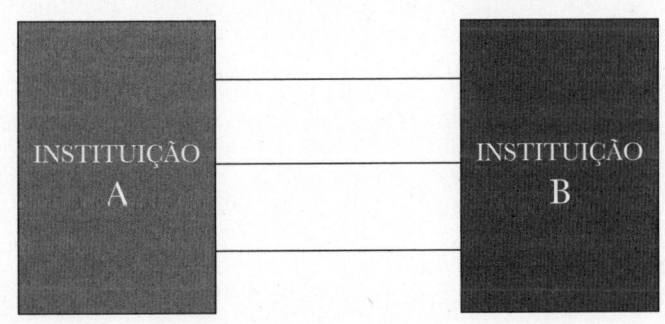

Figura 2: fluxo entre instituições

- X100 / X101 - Mensagem de autorização (*Authorization message*). Uma mensagem de autorização é uma aprovação ou garantia de fundos dada pelo emissor do cartão ao adquirente;
- X200 / X201 - Mensagem de apresentação financeira (*Financial presentemente message*). Uma mensagem de apresentação financeira pode ser usada como uma transação completa: para transferir o dinheiro de uma conta para outra;

- X220 / X221 - Mensagem de apresentação de acumulação financeira (*Financial accumulation presentemente message*). Uma mensagem de apresentação de acumulação financeira, geralmente usada em combinação com uma mensagem x100, conclui as transações;
- X300 / X301 - Mensagem de ação do arquivo (*File action message*). Uma mensagem de ação de arquivo é usada para adicionar, alterar, excluir ou substituir um arquivo ou registro ou consultar um arquivo ou executar a administração do cartão;
- X400 / X401 - Mensagem de reversão (*Reversal message*). Uma mensagem de estorno é o cancelamento parcial ou total dos efeitos de uma autorização anterior (x100), transação financeira (x200) ou aviso de transação financeira (x220) que não pode ser processado conforme as instruções;
- X420 / X421 - Mensagem de aviso de reversão (*Reversal advice message*) Uma mensagem de aviso de reversão é uma notificação de que a transação inicial falhou. Pode ser uma autorização (x100) ou transação financeira (x200);
- X500 / X501 - Mensagem de reconciliação (*Reconciliation message*). Uma mensagem de reconciliação é a troca de totais entre duas instituições. por exemplo. enviado no final do dia;
- X600 / X601 - Mensagem administrativa (*Administrative message*). Pode qualquer mensagem relacionada à infraestrutura técnica entre instituições financeiras;
- X800 / X801 - Mensagem de gerenciamento de rede (*Network management message*). O gerenciamento de rede contém uma grande variedade de mensagens, como:

a) inicialização ou desligamento do sistema;
b) gerenciamento de segurança do sistema, por exemplo envio de alterações de chave automáticas;
c) controles de auditoria do sistema.

ORIGEM DA COMUNICAÇÃO

A quarta posição do MTI define a localização da fonte da mensagem na cadeia de pagamento. A Tabela 2.5 especifica os possíveis valores e seus respectivos significados.

Tabela 2.5 – MTI Posição 04: Origem da comunicação.

POSIÇÃO	ORIGEM DA COMUNICAÇÃO
xxx0	Adquirente
xxx1	Adquirente – repetição
xxx2	Emissor
xxx3	Emissor – repetição
xxx4	Outro
xxx5	Outro – repetição

Fonte: baseado na ISO (1993, p.3).

MAPA DE BITS - PRIMÁRIO E SECUNDÁRIO

Para a ISO 8.583, um mapa de bits (*message bitmap*) é um campo ou um subcampo dentro de uma mensagem, que indica quais outros elementos de dados ou subcampos de dados podem estar presentes na mensagem.

Toda mensagem contém no mínimo um mapa de bits, chamado *primary bitmap*, o qual indica quais elementos de dados entre 1 e 64 estão presentes. A mensagem poderá conter ainda um segundo mapa de bits, chamado *secondary bitmap*, indicando quais elementos entre 65 e 128 estarão presentes.

Cada mapa de bits é composto de 8 bytes (64 bits representados por cada mapa), sendo estes transmitidos no formato hexadecimal (0-F). No *bitmap*, cada bit representa a presença ou ausência do dado na mensagem. Se o bit estiver ligado, o campo de dado estará presente na mensagem, se não estiver ligado, o campo de dado não estará presente.

Exemplo de um mapa de bits:

nº bit	0	10	20	30	40	50	60
	1234567890	1234567890	1234567890	1234567890	1234567890	1234567890	1234
Bitmap	0010001000	0100000000	0000000100	0100000010	1100000001	0010000000	0100

Neste exemplo de mapa de bits (*bitmap*), teremos os seguintes campos presentes na mensagem:3, 7, 12, 28, 32, 39, 41, 42, 50, 53, 62

ELEMENTOS DE DADOS

Eles dependem do escopo da mensagem, alguns dos elementos de dados são usados mais do que outros. Aqui está uma lista de alguns dos elementos de dados mais usados:

Field 2 - Primary account number
Field 3 - Processing code

Field 4 - Amount transaction
Field 7 - Transmission date & time
Field 11 - System trace audit number (STAN)
Field 12 - Time, local transaction (hhmmss)
Field 13 - Date, local transaction (MMDD)
Field 22 - Point of service entry mode
Field 37 - Retrieval reference number
Field 39 - Response code
Field 41 - Card acceptor terminal identification
Field 42 - Card acceptor identification code
Field 43 - Card acceptor name/location
Field 49 - Currency code, Transaction

Exemplo de uma mensagem ISO:
02004200040000000002161234567890123456060
9173030123456789ABC1000123456789012345678
90123456789012345678901234567890123456789
01234567890123456789012345678901234567890123456789

Onde:
- 0200 - MTI (Indicador de tipo de mensagem),
- 4200040000000002 – *Bitmap* primário,
- 161234567890123456 - *field* 2, os primeiros 2 dígitos: 16, é o indicador do tamanho,
- 0609173030 - *field* 7,
- 123456789ABC - *field* 22,
- 012345678901234567890123456789012345678901234567890\ 1234567890123456789012345678901234567890123456789 - field 63.

CAPÍTULO 6

AUTORIZAÇÃO

A autorização é o processo no qual o credenciador, a bandeira e o emissor avaliam a transação financeira com base em suas próprias regras e nas regras do arranjo e decidem se a transação pode ser aprovada e, portanto, se a compra pode ser autorizada.

Nesse processo, são avaliadas informações como data de validade do cartão, se o portador possui limite no cartão, se o cartão está liberado para aquele tipo de transação (por exemplo, um cartão de débito não pode realizar uma transação parcelada) se o estabelecimento está credenciado para aquele tipo de transação (por exemplo, uma farmácia não pode aceitar a transação com um cartão exclusivamente alimentação) etc.

PROCESSO DE AUTORIZAÇÃO

No mercado de meios de pagamento, bandeiras e credenciadores, podem definir modelos diferentes de atuação e método de confirmação das transações da autorização para início do fluxo financeiro. Uma transação ou solicitação de compra sai do terminal, passa pelo autorizador do credenciador, da bandeira e do emissor, e faz o caminho de volta até gerar o comprovante de venda, confirmando que a compra foi realizada com sucesso.

A princípio, para muitos, o processo de autorização de venda termina aí, mas isso não é verdade, pois inúmeros problemas ou situações podem ocorrer entre credenciador e bandeira, fazendo com que essa solicitação de autorização não se transforme em transação financeira e, consequentemente, não seja definitivamente concluída e o repasse financeiro do emissor não chegue até o credenciador.

Em suma, essa confirmação é a transformação de solicitação de autorização realizada com sucesso em transação financeira.

Para minimizar essas possíveis situações de não liquidação (pagamento), ou até uma liquidação indevida das solicitações de autorização, cada bandeira ou arranjo determina qual formato ou modelo de confirmação de transação cada produto deve seguir.

De forma simples, existem 2 modelos de solução para confirmação de solicitação de autorização da parte das bandeiras e arranjos: *Single* e *Dual*.

SINGLE MESSAGE

Nesse modelo, a bandeira ou arranjo define que o processo de confirmação de solicitação de autorização será realizado totalmente *on-line*, não existindo nenhum instrumento ou método de confirmação posterior (ex. *batch*).

Sendo assim, no mesmo momento que a solicitação de autorização ocorre, ela também é confirmada pelo fluxo de solicitação *online*. O pressuposto é que todas as solicitações sejam concluídas com sucesso e, caso tenha alguma situação a ser resolvida, uma reversão (desfazimento) deve ser enviada no fluxo *on-line*.

Nesse modelo, durante uma indisponibilidade parcial do emissor, transações podem ficar com *status* de negada para o credenciador e aprovada para o emissor, devido a um tempo excessivo na resposta (*timeout*), sensibilizando a conta ou limite do portador sem possibilidade de reversão no fluxo *online*, sendo necessário aguardar o prazo de expiração para liberação de saldo ou limite.

Atualmente, no Brasil, apenas o produto débito (MDS) da MasterCard utiliza esse método de confirmação.

DUAL MESSAGE

Para este método, todos os mecanismos do fluxo *on-line* da solução *single message* continuam sendo válidos, mas, adicionalmente, existe um arquivo *batch*, onde são enviadas todas as solicitações de autorização confirmadas pelo credenciador da bandeira ou do arranjo.

Esse método auxilia na conciliação das transações pelo emissor, dirimindo algumas situações de possível divergências nas contas do portador, mas ainda não é um método infalível.

Apenas como conhecimento, algumas bandeiras e arranjos locais se utilizam de um outro método para que os portadores estejam protegidos de possíveis situações de divergência ou atraso na confirmação da solicitação de transação, não ficando com seu saldo em conta ou limite bloqueados indevidamente.

Esse método se traduz em outro arquivo *batch*, onde bandeiras e arranjos compartilham com os emissores todas as transações foram que estornadas ou que tiveram qualquer problema de confirmação. Com isso, no mesmo dia, qualquer divergência pode ser tratada pelo emissor com impacto de horas para o portador e não mais de dias.

FLUXO DA AUTORIZAÇÃO *ONLINE*

O fluxo de autorização de uma transação pode ser composto pela troca de duas ou três mensagens. A primeira mensagem corresponde à solicitação da autorização da transação e é enviada pelo adquirente à bandeira, e desta para o emissor; é também conhecida como a primeira perna de uma transação.

Após receber a solicitação, o emissor envia para a bandeira e ela envia para o adquirente a resposta à solicitação de autorização, esta mensagem é chamada de segunda perna da transação. Nesse momento, os envolvidos saberão se a autorização da transação foi aprovada.

Algumas autorizações são concluídas com a troca apenas dessas duas mensagens, é o caso de uma transação de troca de fundos. Porém, para algumas solicitações, como o caso de uma compra, é comum a troca de uma terceira mensagem, conhecida como terceira perna da transação. Ela realiza a confirmação do *status* da transação, aumentando a garantia de que todos os envolvidos tenham a mesma informação. Nesse momento, os envolvidos terão a confirmação se a transação foi aprovada.

Durante o processo de autorização, podem ocorrer problemas na transmissão da transação, como atraso no recebimento de uma resposta gerando um *time-out* na transação. Nesse caso, como não há certeza se a transação foi aprovada por algum dos envolvidos, o solicitante pode enviar uma mensagem de desfazimento, desfazendo a transação. Assim, todas as partes serão informadas que a transação foi desfeita e não é mais válida.

Após a aprovação da transação pode-se haver a necessidade de cancelá-la total ou parcialmente. Nesse caso, é feito um estorno. O estorno é realizado no próprio terminal, com envio de uma mensagem que trafega através dos autorizadores do adquirente, bandeira e emissor. Geralmente, o estorno só pode ser realizado no mesmo dia em que a compra foi feita.

STAND IN

É uma solução dada pelas bandeiras aos emissores para que, em momento de indisponibilidade do emissor, a bandeira possa autorizar transações em nome do emissor.

O emissor precisa aderir ou contratar esse serviço e parametrizar quais tipos de transações, produtos e valores deverão ser aprovados durante sua indisponibilidade. Sendo assim, o *Stand In* é um serviço opcional das bandeiras e possui custo aos emissores.

Essa parametrização pode ocorrer em *real time*, diretamente pelo emissor ou via formulário de solicitação do emissor à bandeira. Um ponto importante é manter as regras e parâmetros sempre atualizados, pois durante uma indisponibilidade os times estarão focados em retomar o ambiente e não conseguirão rever ou incluir regras.

Após a retorno do ambiente, a bandeira utiliza de transações tipo 120 *advices* para que os portadores tenham suas contas e limites sensibilizadas.

Dentre os parâmetros possíveis de serem utilizados na parametrização, podemos citar:

d) Bin;
e) Produto – débito, crédito e pré-pago;
f) Processadora;
g) Limite valor transacionado dia;
h) Limite transação;
i) Modos de entrada;
j) MCCs;
k) Lista de Exceções (*Black* e *White List*);
l) Transações nacionais ou internacionais;
m) Carteiras digitais e Cartão Virtual;
n) Vigência da Regra;
o) Score dos sistemas de Antifraude.

Embora o produto seja um dos parâmetros possíveis de configuração, em sua maioria, os produtos de débito e pré-pago não costumam ter ampla utilização desse serviço, já que as contas dos clientes não podem fechar o dia com saldo negativo.

CONFIGURAÇÃO DO CARTÃO

Dentre os muitos dispositivos possíveis para se realizar uma compra, atualmente, o mais utilizado e conhecido são os cartões embossados. Os cartões possuem *layout* próprio definido pelas bandeiras, mas de forma geral alguns campos e informações estarão presentes no plástico, como é conhecido no mercado.

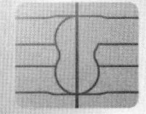

Crédito: FrreOSDFiles
Fonte: https://pt.365psd.com/psd/credit-card-psd-template-53589

NÚMERO DO CARTÃO　　　　　　　　　　　　　　　CÓDIGO DE SEGURANÇA

VALIDADE DO CARTÃO

Crédito: Yeven Popov (Freepik)

Licença: Domínio público
Fonte: https://publicdomainvectors.org/pt/vetorial-gratis/Modelo-de-vetor-de-cart%C3%A3o-de-cr%C3%A9dito/3631.html

PANAN (*PRIMARYACCOUNTNUMBER*)

Trata-se do número do cartão, geralmente com 16 ou 19 posições. Este número é composto por algumas informações:

- **Primeiro dígito:** No passado, significava a bandeira, porém, atualmente, pode não ser um indicativo muito confiável. Isto é, 4 indicava que era um cartão Visa, 5 um cartão MasterCard, mas, atualmente, 5 também pode ser um cartão da bandeira Elo;
- **Seis primeiros dígitos:** Esse indica o bin do cartão, à qual bandeira e instituição financeira esse cartão pertence. A ABA, uma associação internacional, controla essa propriedade e as bandeiras que realizam o controle da instituição;
- **Demais 9 dígitos:** Número da conta do cliente;
- Último dígito: Código verificador, já que o PAN da equação matemática é o número do último dígito.

Crédito: Stock Foto, ID: 1290853810, Colaborador RBLFMR. New York NY/USA-January 19, 2019. Partially obsolete and seldom used credit card imprint machines in a store in New York.

Curiosidade: O PanAN, ou número do cartão, pode ser em alto ou baixo relevo. Essa função é pouquíssima utilizada atualmente nas transações, pois não temos em todas as regiões do mundo transações manuais, sendo realizadas com maquinetas manuais, devido ao avanço tecnológico. Essa função é utilizada apenas em cartões de crédito internacional, já que transações de débito em sua maioria devem ser realizadas com "cartão presente" e *online* utilizando a senha.

ELEMENTOS DO CARTÃO

Dentre os principais elementos do cartão, temos:

Nome do portador
Na parte do meio do cartão, geralmente se descreve o nome do portador com algumas posições.

Vencimento / validade
Descreve a data limite de utilização desse plástico e são impressos 2 dígitos para o mês e mais 2 dígitos para o ano (xx/xx).

Marcas
Além dos dados acima, são incluídos a bandeira, emissor e variante do cartão.

Chip
Elemento de segurança e onde são gravadas todas as informações sensíveis do cartão.

No verso do cartão são descritas as seguintes informações:

Código de Segurança
Informação descrita em 3 dígitos, o código é utilizado em transações de cartão não presente e vendas na internet.

Rede de Aceitação
Indica a quais rede esse cartão faz parte, tanto da rede de aceitação para compras e rede de ATM (*Automatic Teller Machine*) para saques quanto para transações nacionais e internacionais.

Canais de Contato
Informa números de contato das centrais de atendimento.

Tarja Magnética
Neste campo estão impressos os dados sensíveis do cartão para transações em terminais sem a capacidade de ler o chip.

Assinatura do Cliente
Ainda sendo utilizado na geração do cartão, mas cada vez menos utilizado pelo portador e lojistas no momento da transação, visto que quase 100% das transações são realizadas com chip e senha.

CAPÍTULO 7

PROCESSAMENTO

∽

Após a venda ser autorizada, inicia-se a etapa de *clearing (processamento)* da transação. O *clearing* consiste no processo da troca de informações entre os membros do arranjo com base nas transações. Esse processo irá garantir que os lojistas sejam pagos e que os portadores de cartões sejam cobrados em suas faturas.

Os integrantes do arranjo trocam mensageria de transações todos os dias entre si e processam os arquivos de intercâmbio contendo as transações do dia. O processo de *clearing* interliga participantes de várias regiões mundiais e precisa atender aos regulamentos bancários e financeiros e aos acordos legais e fiscais de cada país.

Quando o adquirente e o emissor do cartão do portador são de um mesmo país, esta transação é chamada doméstica. Se o adquirente e o emissor são de países diferentes, a transação é chamada receptiva.

Os arquivos sempre passam pela bandeira, ou seja, um arquivo enviado pelo adquirente, passará pela bandeira, será processado e, então, enviado ao emissor. Da mesma maneira, um arquivo enviado pelo emissor passará pela bandeira, será processado e, então, será encaminhado ao adquirente.

Quando um arquivo de intercambio é enviado de um membro participante do arranjo para a bandeira, este é chamado *"outgoing"*; quando o arquivo é recebido da bandeira, é chamado *"incoming"*.

Os arquivos de *clearing* podem conter os seguintes registros financeiros: transação original, cancelamentos, rejeições, reversão, *chargebacks*, reapresentações e *feecollection*.

Além disso, podem ser trocados arquivos com informações não financeiras como avisos de fraudes, requisições de cópia de comprovante da transação e relatórios de conciliação.

De maneira geral, o *clearing* de uma transação possui um limite de tempo para ocorrer. Caso o *clearing* ocorra após o prazo estipulado pelas regras da bandeira, é classificado como apresentação tardia. Uma transação com apresentação tardia pode ser rejeitada pela bandeira ou pela outra parte (emissor/adquirente), ficando o responsável pela apresentação tardia com o prejuízo da transação.

TIPOS DE PROCESSAMENTO

Vamos ver os principais tipos de processamento.

PROCESSAMENTO PELO ADQUIRENTE OU PROCESSADOR

O adquirente valida as informações das transações realizadas pelo lojista, classifica a transação, calcula taxas e encargos. Em seguida, formata e envia as transações do lojista com arquivos de intercâmbio para a bandeira.

No caso de transações parceladas, o adquirente é responsável pelo controle e liberação das parcelas mês a mês, até o final do plano de parcelamento.

Umas das principais taxas calculada pelo adquirente é o MDR (*Merchant Discount Rate*), que corresponde à taxa que será descontada do lojista. Essa taxa é negociada em contrato entre o lojista e o adquirente.

Em geral, seu valor é calculado com base no *Fee* (valor cobrado) cobrado pela Bandeira acrescido da taxa de remuneração do emissor (IC), além dos custos fixos da transação. O adquirente desconta o valor do MDR no momento da transação, portanto, o lojista irá receber a transação líquida já com este desconto.

Além da taxa MDR, no modelo praticado aqui no Brasil, é comum a cobrança de uma taxa, caso o lojista deseje antecipar parcelas a receber por vendas feitas no crédito.

O adquirente recebe, diariamente, arquivos da Bandeira contendo as confirmações das transações, registros de transações negadas no processamento da Bandeira, contestações e ajustes financeiros.

Também no processamento, o adquirente irá programar a agenda financeira com a data de pagamento da transação para o lojista e a previsão de recebimento da transação do emissor.

PROCESSAMENTO PELA BANDEIRA

Ao receber os arquivos enviados pelos adquirentes, a Bandeira também realiza seu processamento. De forma geral, as etapas de processamento da bandeira são validar a transação, determinar a jurisdição da transação, classificar a transação e realizar conversões e calcular taxas e encargos.

Algumas taxas que são calculadas pela bandeira durante seu processamento, são:

- *Interchange*: também chamado de IC. Taxa a ser paga por um participante a outro. Nas transações de compra, o *interchange* é pago pelo adquirente ao emissor; nas transações de ATM, (*Automatic Teller Machine*) o emissor paga ao adquirente. Varia principalmente em função do tipo de produto do cartão (exemplo: *gold, platinum, black*), do ramo (MCC) do estabelecimento, dos países do emissor e do adquirente.

- *Fee* de bandeira: taxa a ser paga pelos membros à bandeira. Pode incluir taxas pelo serviço de processamento das transações, pelo direito de uso da marca, taxas de marketing etc.

Em seguida, a Bandeira envia o resultado deste processamento ao emissor e envia um retorno ao adquirente.

Processamento pelo emissor

O emissor recebe o arquivo da bandeira e utiliza as informações para postar as transações na fatura do portador do cartão. O emissor irá conciliar as transações aprovadas no fluxo de captura da transação com as transações recebidas no *clearing*.

O arquivo recebido pode conter, também, o retorno das contestações e ajustes financeiros.

No processamento, o emissor irá verificar as taxas a serem pagas e recebidas da bandeira e dos adquirentes.

Também no processamento, o emissor irá programar sua agenda financeira com os valores a pagar dia a dia a cada adquirente ou à bandeira.

AGENDA FINANCEIRA

No momento do processamento, o adquirente, a bandeira e o emissor montam suas agendas financeiras de recebimento futuro, onde serão programados os valores a serem pagos e cobrados de cada envolvido.

Em geral, o prazo para o pagamento de uma transação segue como apresentado na tabela a seguir:

TIPO DE TRANSAÇÃO	PRAZO DE PAGAMENTO DO EMISSOR PARA O ADQUIRENTE	PRAZO DE PAGAMENTO DO ADQUIRENTE PARA O ESTABELECIMENTO
Transação de débito	O emissor paga ao adquirente no dia seguinte	O adquirente paga ao estabelecimento no dia seguinte

Transação de crédito à vista	O emissor paga ao adquirente em 27 dias	O adquirente paga ao estabelecimento em 30 dias
Transação de crédito parcelada	O emissor paga ao adquirente a primeira parcela em 27 dias, e as demais parcelas a cada 30 dias, após o pagamento da parcela anterior	O adquirente paga ao estabelecimento uma parcela a cada 30 dias
Transações realizadas com cartão internacional	O emissor paga ao adquirente em 2 dias	O adquirente paga ao estabelecimento em 2 dias

A agenda financeira é impactada por todas as movimentações financeiras relacionadas às transações como contestações (*chargebacks*) e cancelamentos (*credit vouchers*), além de taxas e ajustes financeiros.

TIPOS DE AGENDAS FINANCEIRAS

Dentre os principais tipos, temos:

• **Agenda Financeira Adquirente**

O prazo de pagamento ao lojista pode variar de acordo com o tipo de transação, se crédito ou débito, conforme tabela acima, e de acordo com o tipo de contrato firmado entre o lojista e a adquirente. As principais adquirentes possuem um plano de antecipação, em que o lojista pode receber o valor de uma transação em um período menor, mediante a cobrança de uma taxa.

O adquirente monta, então, duas agendas financeiras, uma com a visão dos valores e datas de pagamento das transações aos estabelecimentos, e outra com a visão dos valores a serem recebidos dos emissores. O valor a ser recebido do emissor somente será agendado quando o adquirente receber o arquivo de confirmação da bandeira de que a transação foi aceita no arquivo de intercâmbio.

Além dos pagamentos, o adquirente irá lançar as cobranças que devem ser pagas pelos estabelecimentos, como transações contestadas (*chargebacks*), transações canceladas, taxa de aluguel e taxas de serviços diversos.

Sempre que possível, o adquirente deduz o valor a cobrar dos recebíveis que o cliente possui, realizando o processo conhecido como "NET". Nesse processo, o adquirente consulta se o lojista possui algum valor a receber, em caso positivo, será descontado o valor devido. Caso o valor devido ultrapasse o valor a receber, então, o saldo restante será cobrado através de lançamento bancário, boleto ou outras formas de cobrança.

• **Agenda Financeira Emissor**

O emissor também irá montar duas agendas, uma com a visão dos valores e datas a serem lançados nas faturas dos portadores de cartão, e outra com os valores e datas de pagamento das transações aos adquirentes.

Além das transações, o emissor irá agendar e lançar na fatura do portador outros eventos financeiros, como a cobrança da taxa de anuidade e créditos referentes a transações contestadas ou canceladas.

• **Agenda Financeira Bandeira**

A bandeira envia ao adquirente e ao emissor, diariamente, arquivos com a previsão de liquidação das transações que foram processadas no dia. Assim, tanto o adquirente como o emissor podem realizar o agendamento dos valores futuros a pagar e a receber dos demais participantes do arranjo.

No processo de liquidação centralizada, a bandeira envia a agenda financeira do dia para a empresa prestadora de serviço de compensação e liquidação (PSCL). Isso com os valores a receber e a pagar de todos os emissores e adquirentes/credenciadores participantes do arranjo.

CAPÍTULO 8

LIQUIDAÇÃO

∞

Liquidação é o processo pelo qual as bandeiras facilitam a troca de fundos em nome dos participantes do arranjo que enviaram ou receberam transações financeiras através de um sistema de compensação (*clearing*).

Os fundos são trocados com base no valor líquido de todas as transações financeiras compensadas para cada dia de liquidação. Os valores liquidados podem ainda incluir taxas ou ajustes financeiros.

Com isso, de acordo com o Banco Central, todas as liquidações financeiras decorrentes de um pagamento com cartão devem ser realizadas por uma entidade única, de forma centralizada e obedecendo a um arranjo de pagamentos.

O arranjo de pagamentos é uma série de regras e medidas que regulamenta e disciplina a prestação de serviço de pagamento ao público. Em geral, um arranjo de pagamentos é instituído por uma bandeira.

Através de um arranjo de pagamentos, os adquirentes enviam à entidade centralizadora os valores que devem ser pagos a cada estabelecimento comercial e as informações de domicílio bancário deste estabelecimento, ou seja, onde o valor será creditado. Já as bandeiras enviam à centralizadora, os valores que devem ser debitados dos emissores e o valor a ser pago a cada adquirente.

A centralizadora irá cruzar todos estes dados, realizar a compensação e a liquidação financeira dos valores para os estabelecimentos para os adquirentes e para os emissores.

INTEGRANTES DO SISTEMA DE LIQUIDAÇÃO

INSTITUIDOR DE ARRANJO DE PAGAMENTO

É a pessoa jurídica responsável pelo arranjo de pagamento e, quando for o caso, pelo uso da marca a ele associada. Via de regra, o instituidor de arranjo de pagamento é conhecido como a empresa responsável pela bandeira do seu cartão.

INSTITUIÇÕES DE PAGAMENTO

Elas podem fazer parte de um ou mais arranjos, então, as instituições de pagamento são responsáveis por funções como o gerenciamento de contas de pagamento – tais quais saques e transferências – emissão e credenciamento de instrumentos de pagamento, gerenciamento de moeda eletrônica e quaisquer outras atividades determinadas pelo Banco Central.

As instituições de pagamento possuem um gatilho operacional estabelecido pelo BACEN, por meio da Circular nº 3.885, de R$ 500 milhões de reais em transações de pagamento, ou R$50 milhões de reais em recursos mantidos em conta de depósito pré-paga no período de 12 meses, se fazendo obrigatório o registro como instituição de pagamento para operabilidade.

São consideradas instituições de pagamento as credenciadoras/adquirentes, os emissores de moeda eletrônica e os emissores de instrumentos de pagamento pós-pago. Importante destacar que elas não possuem o poder de conceder empréstimos ou financiamentos aos seus clientes.

INSTITUIÇÕES FINANCEIRAS

São instituições que agem como intermediárias entre os usuários finais e determinados serviços do mercado financeiros, como empréstimos e financiamentos.

INSTITUIÇÃO DOMICÍLIO

A instituição domicílio é uma instituição financeira ou de pagamento, participante do arranjo de pagamento, detentora de conta de depósitos à vista ou de pagamento. Essa conta é de escolha do usuário final recebedor, para crédito de seus recebimentos no arranjo de pagamento.

SUBCREDENCIADOR(SUBADQUIRENTES / SUBADQUIRENTES / SUBCREDENCIADORA)

É um participante do arranjo de pagamento que habilita usuário final recebedor para a aceitação de instrumento de pagamento emitido por instituição de pagamento, ou por instituição financeira participante de um mesmo arranjo de pagamento, mas que não participa do processo de liquidação das transações de pagamento como credor perante o emissor.

CAPÍTULO 9

OPERAÇÕES

∽

As áreas de *Backoffice* mencionadas estão descritas como atividades ou responsabilidades a serem desempenhadas e, não necessariamente, uma estrutura formal dentro de uma organização ou empresa. Outro ponto crucial de entendimento, é que essas atividades embora com perspectivas e focos diferentes, elas coexistem em todo o ecossistema de pagamento, mas principalmente para emissores e credenciadores.

Parte dessas atividades podem ser desempenhadas por terceiros, ou pelas processadoras de emissores ou credenciados. Além disso, podem estar replicadas em outras entidades de ecossistema como é o caso dos facilitadores de pagamento ou subadquirentes.

Dessa forma, cobriremos cada uma dessas áreas ou grupos de atividades como foco em adquirentes e emissores.

ADQUIRENTES

Como descrito anteriormente, a responsabilidade do adquirente é a de defender os interesses dos estabelecimentos comerciais frente as regras dos arranjos das bandeiras e a apresentação e incentivo à utilização das boas práticas do mercado.

BOAS PRÁTICAS DO MERCADO

Dentre algumas boas práticas do mercado, temos as seguintes:

PROSPECÇÃO DE CLIENTES

São estratégias ligadas ao crescimento da base de clientes e a maneira como a empresa irá buscar novos clientes devem ser bem pensadas, definidas e revisadas frequentemente.

Vale ressaltar que, para cada uma das fontes de busca de clientes, deve-se analisar os processos de abordagem dos clientes e os respectivos riscos envolvidos, por exemplo, a disponibilidade de entrada de clientes via *site* é muito comum entre os concorrentes (canal de entrada barato), porém, com grande risco de entrada de clientes com intuito de realizar fraude.

CREDENCIAMENTO OU BOARDING

Esse é o processo inicial, é onde tudo começa e deve ser definido com equilíbrio entre a facilidade e praticidade de entrada do cliente *versus* a garantia e validação dos dados do cliente. É nesse momento que o adquirente deve demonstrar todas as ações e iniciativas a atendimento de item importante das bandeiras: conheça seu cliente ou *Know your Costumer*.

Essa obrigação é cada vez mais cobrada pelas bandeiras e um tema importante na rentabilidade das empresas, pois com a ampliação de participantes nos arranjos, aumenta a possibilidade de entrada de CPFs e CNPJs com o intuito de comercialização de produtos proibidos, realização de crimes ou conivência em fraudes.

Com o avanço de canais digitais e a preocupação da experiência do cliente no início de relacionamento do cliente com a empresa, os processos atuais são realizados sem documentação e por meio de consultas a diferentes *bureaus* e bases de dados. Nesses *bureaus* e bases de dados, podem ser encontradas informações relativas ao tamanho de empresa, constituição societária, ramos de atuação e atividades econômicas e, em algum deles, restrições ou dívidas.

Em alguma etapa do processo de validação dos dados do cliente, deve ser criado uma etapa onde se valide a atividade econômica do CNPJ via CNAE primário e secundário para a definição do MCC (*Merchant category code*) no cadastro desse estabelecimento comercial.

Essa relação CNAE*versus* MCC é de suma importância, pois é por meio dessa relação que se definirá a precificação da taxa de desconto (MDR – *Merchant descont rate*) e suas variações de cobrança. Vale ressaltar que é por meio do MCC dos estabelecimentos comerciais que serão aplicadas as diferentes taxas e cobranças pelas bandeiras.

O tema é tão relevante que a própria ABECS (Associação Brasileira das Empresas de Cartões de Crédito e Serviços) possui processo próprio apoiado pelas Bandeiras para definição e determinação de MCC para uma relação de CNPJs de grandes clientes. O não atendimento a essa regra e a pronta atualização do MCCs desses CNPJs pode incorrer em multas pelas bandeiras.

CONCILIAÇÃO

Conciliação é o processo de cruzamento dos dados contidos nos extratos fornecidos pelos adquirentes e pelos bancos. Com isso, os estabelecimentos são capazes de verificar se todas as transações registradas nos sistemas de vendas correspondem àquelas do extrato de recebimento.

Do ponto de vista do estabelecimento, a conciliação é uma atividade essencial para controlar os recebíveis, validar taxas contratuais e verificar se todas as transações foram confirmadas. A conciliação pode detectar desde cobranças indevidas, defeitos operacionais e até fraudes.

Para a operadora, a conciliação permite a elaboração de agenda financeira, indicando as ordens de crédito e débitos para lançamento futuro na conta domicílio bancário do estabelecimento.

Após a venda ser autorizada, inicia-se a etapa de processamento da transação. Nesta etapa, o adquirente valida as informações, classifica a transação, calcula taxas e encargos.

Algumas taxas que são calculadas neste momento, são:

- MDR: corresponde à taxa que será descontada do lojista. Esta taxa é negociada em contrato entre lojista e adquirente. Em geral, ela é influenciada pelo ramo do estabelecimento (exemplos de ramos são: padaria, farmácia, restaurantes etc.);

- *Interchange*: taxa a ser paga pelo adquirente ao emissor. Varia principalmente em função do tipo de produto do cartão (exemplo: *gold, platinum eblack*), do ramo do estabelecimento, dos países do emissor e do adquirente.

Também no processamento, o adquirente irá programar a agenda financeira com a data de pagamento da transação para o lojista e a previsão de recebimento da transação do emissor.

Após o processamento, o adquirente encaminha as transações para a bandeira. Esta também realiza seu processamento, para verificar os dados da transação, classificá--la e realizar os cálculos devidos.

Em seguida, a bandeira envia o resultado deste processamento ao emissor e envia um retorno ao adquirente. O emissor utiliza estas informações para postar as transações na fatura do portador do cartão e o adquirente realiza a conciliação com o valor a pagar aos estabelecimentos e a receber dos emissores, além das taxas devidas aos emissores e à bandeira.

Na etapa de processamento, acontece também as conversões de moedas necessárias quando a moeda original da transação é diferente da moeda do cartão.

INSTALAÇÃO DE TECNOLOGIA

Independentemente do tipo de tecnologia a ser utilizada pelo cliente, o adquirente precisa ter definido um fluxo operacional e integração com os fornecedores que participarão do processo para que os terminais possam ser instalados fisicamente, como é o caso do POS e *Pin Pad*, ou logicamente para terminais de *e-commerce* e instalação do TEF.

Com as dimensões continentais do Brasil e complexidade logística do país, a atuação do adquirente deve ser bem analisada, pois é decisão fundamental na busca e definição estratégica de múltiplos parceiros, como será dado e distribuído os estoques, integrações são necessárias para envio dos pedidos de instalação e manutenção e toda gestão dos prazos de atendimentos (SLA's).

Outra importante decisão a ser analisada é sobre o modelo de atuação para os terminais físicos, se serão vendidos ou locados. Essa decisão implicará e maior ou menor controle de prazos de garantias do equipamento após a venda e que forma a manutenção de terminais vendidos será oferecida (gratuita ou cobrada).

A entrega e instalação de equipamento podem ser um importante aliadas para área de risco e prevenção a fraude no processo de *KYC – Know Your Costumer*, dado que, muitas vezes, será a primeira e única vez que o Adquirente terá contato real com o Estabelecimento Comercial, pois, cada vez mais, a prospecção e o credenciamento vêm sendo realizados de forma digital.

TREINAMENTO DOS CLIENTES

Durante a instalação, será uma oportunidade para que o proprietário ou responsável conheça as principais regras, riscos ou boas práticas para vendas com cartão de crédito e débito, pois, para muitos desses comércios, será o primeiro contato com um terminal.

Sugere-se que seja implementado algum instrumento para confirmação de atendimento, recebimento do equipamento e acompanhamento do treinamento por parte do estabelecimento comercial.

Essas mesmas regras e instruções devem estar disponibilizadas em canais digitais ou canais de atendimento disponibilizados para o cliente para rápida consulta

ATIVAÇÃO DO CLIENTE

O adquirente não deve concluir a jornada do cliente com a instalação da tecnologia, mas somente após realizar a primeira transação. Nesse momento, podemos dizer que um cliente passou a ser ativo.

Com isso, a integração do processo de instalação de tecnologia e atendimento ao cliente é uma importante ferramenta nesse sentido e soluções de comunicação e diferentes pontos de contado devem ser utilizados para incrementar o volume de ativação dos novos clientes.

Novamente, a decisão de venda ou locação de terminal pode influenciar positivamente na ativação dos clientes e na receita do adquirente.

MONITORAÇÃO DAS VENDAS

Concluída a etapa de credenciamento e ativação do cliente, o ciclo deve ser monitorado e acompanhado, pois, cada vez mais, a longevidade das pequenas e médias empresas brasileiras vem se tornando menor. E uma boa gestão do ciclo de vida pode gerar maiores receitas junto desses clientes, de certa forma, auxiliando-os na manutenção de seus negócios.

O monitoramento proativo das vendas e volumes transacionados tem o intuito de antecipar problemas ou de uma possível migração de cliente para a concorrência e deve ser criado para mitigar o máximo o *Churn* de Clientes. Esse é um importante instrumento na redução dos custos da operação, pois todo investimento no processo de credenciamento e instalação serão amortizados pela manutenção da ativação dos clientes.

Os canais de atendimentos e relacionamento com os clientes devem estar dimensionados e preparados para que cada contato ativo ou receptivo seja uma oportunidade de manutenção e ampliação do relacionamento e dos volumes de vendas.

Hoje, com o avanço das soluções tecnológicas e ferramentas de *analytics*, com os custos reduzidos e toda viabilidade econômica em sua utilização, recomenda-se sua utilização nessa monitoração e na criação de alertas para rápida atuação junto dos clientes.

MONITORAÇÃO DE RISCO E FRAUDE

Dentre todas as atividades da aquirencia, nenhuma outra é de tamanha importância quanto os processos e as atividades da gestão de risco e fraude. Mais à frente, serão detalhadas as remunerações e fontes de receitas, mas, em linha geral e, devido à concorrência, cada vez mais, essas margens são reduzidas. Um adquirente tem em média uma margem bruta de 1% nas transações de crédito e 0,5% nas transações de débito, porém quando ocorre uma contestação ou uma fraude, em que não é possível recuperar o valor total da transação, debitando o comércio, a perda é de 100% da transação.

Essa situação ocorre tanto para transações de Cartão Presente (CP) quanto para as transações de Cartão Não Presente (CNP), de forma e intensidade diferentes, porém elas ocorrem para ambas modalidades.

Outro ponto crítico é quanto ao prazo de pagamento que, devido à concorrência, vem aumentando o risco das operações, pois ele vem sendo realizado em períodos cada vez mais curtos. Hoje, os pagamentos, em boa parte, são realizados em D+1, ou até mesmo em D0 (D Zero). Isso faz com que os adquirentes necessitem criar alertas e ações de bloqueios em *real time*. Esse desafio parece lógico, mas o *trade off* entre impactar a experiência do Cliente e o "apetite" ao risco da empresa deve estar sempre sendo revisado e atualizado, principalmente, devido a evolução tecnológica das tentativas de fraude.

Hoje, as ferramentas para garantir a veracidade dos dados do credenciamento dos clientes, por si só, não são tão eficientes, pois devido a engenharia social e *fraud application*, quando um fraudador se passa por outra pessoa, sem a combinação com outras ferramentas e ações mitigatórias, isso eleva custo para operação, sem trazer o benéfico esperado. Principalmente, quando falamos em adquirentes que trabalham com público-alvo de pessoas físicas.

Não podemos deixar de mencionar a criação de processos e soluções de monitoração transacional *online* e *real time*, controles e ágeis bloqueios do movimento financeiro, das contestações, dos cancelamentos, de todo o fluxo de pagamento e do aliciamento de funcionários e terceiros pelo mundo do crime.

Além dos riscos mencionados, um tema estratégico é sobre a atuação em parceira ao facilitador de pagamento. Esse importante e adaptável parceiro comercial, tanto para os credenciadores, como para os comércios (que por muito tempo foram vistos como vilões desse negócio, e que, hoje, são um importante elo da cadeia de pagamento), não deixa de trazer ao credenciador um risco operacional e financeiro que deve ser monitorado e ações de mitigação devem ser implementadas.

Os riscos operacionais podem ser entendidos como parte das obrigações que já são cobradas do credenciador pelos arranjos, os quais passam a ter responsabilidades que os Facilitadores também os possuam.

Por fim, os riscos financeiros podem ser definidos no extremo, como um *default* do facilitador, deixando a base de estabelecimentos sem os devidos pagamentos, passando por fragilidades na gestão de risco e fraude, incorrendo em fraudes e contestações, quando o credenciador é solidário nessas perdas e possíveis multas ou, até mesmo, na ampliação de volumes de garantias solicitados pelos arranjos de pagamentos.

ATENDIMENTO E SUPORTE AO CLIENTE

Os credenciadores necessitam disponibilizar canais de contatos aos clientes para que todas as dúvidas ou problemas sejam sanadas de forma ágil e clara. Vale lembrar que, a transformação digital irá desafiar os Credenciadores a criarem não somente formas de prospecção cada vez mais simples e intuitivas, mas também todo o suporte e atendimento ao cliente. Talvez *ChatBots*, *WhatsApp* e *IA (inteligência artificial)*, em alguns anos, passem a ser encarados como os velhos e desgastados canais tradicionais como *call center* e atendimento por e-mail.

O desafio aqui é transformar um negócio complexo, cheio de regras e sensível para os comércios, pois trata-se de sua parte mais sensível, o bolso, em algo simples, transparente e com grande assertividade.

O cerne do negócio é a informação. Os clientes capacitados, conhecedores das regras e das boas práticas auxiliarão em riscos menores e baixa probabilidade de problemas.

Dentre as ações possíveis para que os comércios atuem de forma perene e sem interrupção nas vendas, pelo menos, devido aos aspectos operacionais causados pelo credenciador, a manutenção de tecnologia, a atualização cadastral e a conciliação financeira são importantes atividades a serem pensadas.

Para a manutenção de tecnologia, um atendimento rápido e eficaz é relevante, mas é reativa, pois, muitas vezes, o comércio está perdendo venda ou passou a utilizar a solução da concorrência. Aqui, processos preventivos e proativos podem fazer com que o cliente não tenha interrupção de atividade ou perda de vendas.

Assim, um acompanhamento do volume transacional, simples de imaginar, mas difícil de obter resultado, devido à sazonalidades e tamanho dos comércios na base, pode ser uma alternativa, ou ainda, conhecido modelo de terminal e volume de transações, pode-se buscar antecipar possíveis quebras ou mau funcionamento dos equipamentos.

Essas práticas também podem ser estendidas para os terminais lógicos, como e-*commerce* ou TEF, onde uma simples alteração, a pedido ou por equívoco, pode direcionar o fluxo transacional para outro concorrente, sendo que o monitoramento dos volumes transacional e financeiro pode dar os alertas necessários para uma atuação rápida, minimizando o impacto financeiro.

Nesse sentido, a conciliação financeira é quando o credenciador irá demonstrar todo o serviço prestado ao cliente, é a entrega propriamente dita do produto. Todo o arsenal tecnológico, soluções e produtos a disposição desse cliente de nada valerá se ele não entender a entrega realizada ou possibilitar dúvida quanto à correta cobrança dos descontos e serviços, ou o acurado pagamento das vendas.

Uma conciliação simples e de fácil compreensão pelos diversos nichos de clientes (tamanho, volume transacionado, ramos de atuação e canal – EDI, *website* e papel) será fundamental para a manutenção do cliente com vendas ativas e é onde toda a confiança entre as partes será construída.

Por sua vez, adiantamos que essa jornada não será fácil, isso pelo que foi dito em relação à diversidade de clientes e tipos de canais, e pela soma de complexidade de outros processos, como o de pagamento pela CIP, obrigação solicitada pelos arranjos, onde os valores das transações são enviados aos domicílios bancários de forma sumarizada no dia, por produto (crédito e débito) e por bandeira.

O ROTEIRO CONTÁBILNO MERCADO DE MEIOS DE PAGAMENTO

Apesar de básico para todas as empresas, o roteiro contábil tem um papel muito importante para os participantes do mercado de meios de pagamento, além de ter características específicas e particularidades. Os processos de captura e processamento da transação têm passos que precisam ser bem acompanhados pelos respectivos eventos contábeis.

Conceitualmente falando, dados contábeis geralmente são descritos por eventos que afetam o patrimônio de uma organização, através do método das partidas dobradas: débito e crédito. Para aplicação dos conceitos fiscais e tributários no momento do registro contábil, a utilização de mecanismos de contabilidade, tais como: plano de contas, centros de custos, cadastros de fornecedores e clientes, fluxos contábeis e controle das contas contábeis, fundamentais como gerenciadores do processo.

Juntamente com a rotina de batimento, os eventos que registram os movimentos de contas a pagar e a receber, tanto para emissores quanto para adquirentes, são passos importantes para o controle financeiro das empresas.

As principais receitas são provenientes da captura, transmissão, processamento e liquidação financeira das transações de crédito e débito, mas, cada vez mais, as empresas participantes deste mercado em constante mudança, encontram novas oportunidades de negócios, E, tudo isso tem de ser bem mapeado contábil e fiscalmente para que o controle não seja perdido.

Os custos com os serviços prestados também merecem especial atenção, pois são os gastos diretamente relacionados à atividade fim da companhia eà geração da receita operacional. Podemos citar que,nessa indústria, os principais custos dos serviços prestados são os gastos com tarifas pagas às bandeiras, processamento das transações, telefonia, manutenção dos equipamentos, entre outros.

Por fim, devemos mencionar as provisões para créditos de liquidação duvidosa, que servem para registrar prováveis inadimplências e precisam ser mapeadas e registradas através dos históricos das análises de riscos de realização dos créditos a receber. Issopara qualquer que seja o participante da indústria e que, em alguns casos, pode ser compensado com valores a pagar, utilizando o conceito de Net, que costuma ser praticado entre as partes.

CAPÍTULO 10

REGULAMENTAÇÃO

∽

OS ÓRGÃOS REGULADORES E REGULAMENTAÇÕES

BANCO CENTRAL

O Banco Central (BC, BCB ou BACEN) foi criado em 1964 e é a principal autoridade monetária do Brasil. É responsável pela regulação e supervisão das instituições financeiras em funcionamento no Brasil.

MUDANÇAS NA REGULAMENTAÇÃO

Desde a publicação do texto original da Circular nº 3.682, em 2013, houve algumas alterações que introduziram novas regras aplicáveis aos arranjos de pagamento e seus participantes.

2015

Em setembro de 2015, o BACEN emitiu a Circular nº 3.765, que estabeleceu a necessidade da liquidação em grade única centralizada das transações de cartões de débito e crédito (via Câmara Interbancária de Pagamentos – CIP). Isso para que os participantes dos arranjos de pagamento e o Banco Central pudessem ter controle e visibilidade de que os pagamentos dos valores das transações fossem repassados aos estabelecimentos comerciais.

- **Domicílio bancário e a trava**

Domicílio Bancário é a instituição financeira da conta corrente utilizada pela pessoa física ou jurídica para receber os valores das vendas realizadas com cartões de créditos e débitos.

O domicílio bancário é essencial para o negócio, pois sem ele não é possível receber vendas realizadas por cartões, por exemplo.

No momento do credenciamento, é necessário confirmar o domicílio bancário, apresentando a documentação exigida pelas empresas credenciadoras.

A comprovação do domicílio bancário garante que os créditos e débitos serão realizados na conta corrente correta e não serão repassados a terceiros. É uma forma de proteção tanto para o lojista quanto para a credenciadora.

Nesse sentido, o que seria a chamada **trava do domicílio bancário?**

A trava de domicílio bancário é a garantia de que os valores serão creditados na conta corrente informada no credenciamento.

É um mecanismo utilizado para reter os recebíveis em uma determinada instituição financeira.

Para o lojista, o uso da trava proporciona a garantia de obtenção de crédito e antecipação de recebíveis.

2018

Em março de 2018, o Banco Central do Brasil (BACEN) emitiu três circulares: nº 3.885, nº 3.886 e nº 3.887. Elas atualizaram a regulamentação já existente sobre arranjos e instituições de pagamento, sendo que as principais mudanças foram:

• Circular nº 3.887: com a limitação no valor da tarifa aplicada em cima de cada transação feita no cartão de débito, paga pelo credenciador ao emissor. Essa medida foi tomada pelo BACEN como forma de dar mais liberdade ao funcionamento do ecossistema;

• Circular nº 3.886: inseriu os subadquirentes como integrantes dos arranjos de pagamento, fazendo com que eles passassem a estar sujeitos às regras dos instituidores de arranjo. Essa medida também permitiu que os instituidores dos arranjos atribuíssem às adquirentes a obrigação de fiscalizar as subadquirentes, prevenindo crimes como a lavagem de dinheiro e o financiamento ao terrorismo, garantindo, assim, a segurança e evitando o risco sistêmico.

No final do ano de 2018, o Conselho Monetário Nacional (CMN) publicou a resolução 4.707 e o Banco Central a Circular nº 3.924, estabelecendo critérios para a utilização de recebíveis de transações de cartão de crédito em garantia de operações de crédito, firmada entre os estabelecimentos comerciais (ECs) e as instituições financeiras (IFs).

Com essa regulamentação, as instituições financeiras só podem reter os recebíveis até o valor equivalente ao saldo devedor da operação de crédito. Os recursos excedentes são de livre movimentação e podem ser utilizados, inclusive, para novas contratações de crédito.

As credenciadoras passaram a realizar a liquidação dos recebíveis no domicílio bancário, indicado no contrato de operação de crédito, com garantia dos recebíveis e a disponibilizar a agenda de recebíveis dos estabelecimentos para as instituições financeiras, com as quais os usuários tenham celebrado as operações de crédito.

As novas normas foram editadas com o intuito de mitigar riscos associados às operações de crédito e racionalizar a concessão de garantias sobre recebíveis, permitindo que os tomadores obtenham mais crédito com o mesmo volume de recebíveis, sem aumento indevido de riscos para o Sistema Financeiro Nacional.

2019

Em junho de 2019, o Banco Central do Brasil (BACEN) emitiu a circular: nº 3.952. Dispõe sobre o registro de recebíveis decorrentes de transações no âmbito de arranjo de pagamento baseado em conta pós-paga e de depósito à vista integrante do Sistema de Pagamentos Brasileiro.

• Circular nº 3.952: que determina o registro das unidades de recebíveis e sua composição por arranjo de pagamento nas registradoras estabelecidas pelo Bacen possibilitando a interoperabilidade e mudança de titularidade dos direitos de recebíveis.

• Circular nº 4.734: Estabelece condições e procedimentos para a realização de operações de desconto de recebíveis de arranjo de pagamento integrante do Sistema de Pagamentos Brasileiro baseado em conta pós-paga e de depósito à vista e de operações de crédito garantidas por esses recebíveis, por parte das instituições financeiras; e altera o art. 2º da Resolução nº 4.593, de 28 de agosto de 2017.

REGISTRADORA

São entidades autorizadas pelo Banco Central do Brasil para atuarem como Infraestruturas de Mercado Financeiro, de forma independente dos demais agentes do Sistema Financeiro Nacional. O objetivo dessas instituições é organizar todos os recebíveis de cartão de crédito do Brasil.

Para tanto, as registradoras possuem três funções principais:

1. computar o registro de todos os recebíveis realizado pelas credenciadoras;

2. fornecer as informações dessas agendas de recebíveis para credores quando houver autorização e interesse do lojista em vendê-los ou usá-los como garantia de crédito; e

3. atualizar as informações sobre a titularidade dos recebíveis, bem como sobre ônus e graves que recaiam sobre eles, conforme contratos informados por eventuais credores.

Nesses sistemas, o cadastro é nomeado de Unidade de Recebível (UR). Cada UR conta com informações básicas, como: quem é seu proprietário, qual sua data de liquidação, qual a credenciadora responsável pelo pagamento e a qual bandeira (arranjo de pagamentos) a UR pertence.

A partir disso, quando o lojista optar por antecipar o valor, ou oferecê-lo como garantia em empréstimo, essas transações e negociações ficarão registradas na UR.

Algumas empresas já estão sendo autorizadas pelo Banco Central para atuar como registradoras. Porém, vale lembrar que elas devem operar de maneira interoperável, como estipula o próprio Bacen.

OBRIGAÇÕES ACESSÓRIAS

São declarações periódicas, podendo ser mensais, trimestrais e anuais, onde encontram-se informações sobre a empresa, que precisam ser enviadas ao Governo (federal, estadual ou municipal). Tem como principal objetivo a autodeclaração, feita pelo próprio contribuinte, ou seja, a empresa, podendo ser sobre a receita efetivada, os impostos apurados, além da parte trabalhista.

Ressaltamos que existem as obrigações tributárias principais, as quais representam o pagamento do tributo em si (impostos, taxas, contribuições etc.). Existem também as obrigações tributárias acessórias, responsáveis por documentar o pagamento de cada tributo para fiscalizações futuras.

Podemos mencionar como principais obrigações acessórias:

• **DCTF** – Declaração de Débitos Tributários Federais, de competência da União, contém informações relacionadas aos impostos federais, como IRPJ, IRRF, IPI, CSLL entre outros;

- **DIRF** – Declaração do Imposto de Renda Retido na Fonte, emitida pela fonte pagadora, tanto pessoa física ou empresa e seu objetivo é informar à Receita Federal os valores de imposto de renda e outras contribuições retidas com pagamentos a terceiros, a fim de evitar sonegação fiscal;
- **ECF** - Escrituração Contábil Fiscal é uma obrigação acessória integrante do projeto SPED da Receita Federal. Tem por objetivo interligar os dados fiscais e contábeis referentes a apuração do IRPJ e CSLL;
- **DECRED** – Declaração de Operações com Cartões de Crédito, tem sua entrega obrigatória à Receita Federal do Brasil pelas administradoras de cartão de crédito. Nela deverão constar informações sobre as operações feitas com cartão de crédito, como a identificação dos usuários dos seus serviços e os montantes globais movimentados mensalmente;
- **DACON** – Demonstrativo de Apuração de Contribuições Sociais, de obrigação mensal ou semestral para os contribuintes do PIS/PASEP e do COFINS na apresentação de relatórios/demonstrativos da incidência e do recolhimento destes tributos e encaminhá-los à Receita Federal.

AML – PREVENÇÃO DE LAVAGEM DE DINHEIRO

Como prática obrigatória de Empresas Financeiras pela proteção à Lavagem de Dinheiro, temos regulamentos de AML (*Anti Money Laundering*) que cobrem uma gama relativamente limitada de transações e comportamentos criminosos, suas implicações são de longo alcance.

Por exemplo: os regulamentos de AML exigem que os bancos e outras instituições financeiras, que emitem crédito ou permitem que os clientes abram contas de depósito, sigam as regras para garantir que não estejam ajudando na lavagem de dinheiro.

As leis e regulamentações contra a lavagem de dinheiro visam atividades criminosas, não apenas limitado às movimentações financeiras, mas também mercadorias ilegais entre outros.

Os criminosos, muitas vezes, tentam "lavar" o dinheiro que obtêm ilegalmente por meio de atos como o tráfico de drogas. Assim, as quantias desviadas não são rastreadas até eles.

Os lavadores de dinheiro também podem transferir valores para países estrangeiros. Por isso, fazem pequenos depósitos ou até mesmo investem em aplicações financeiras, usando corretores desonestos. Esses profissionais estão dispostos a ignorar as regras em troca de grandes comissões.

Tendo isso em vista, cabe às instituições financeiras monitorar os depósitos e outras transações de seus clientes. Dessa forma, podem garantir que não fazem parte de um esquema de lavagem de dinheiro.

As instituições devem verificar a origem do dinheiro de seus clientes, principalmente credenciadores, emissores e outros arranjos que "transitam" valores financeiros, monitorar atividades suspeitas e relatar transações de valores exorbitantes. Além de cumprir as leis de AML, tais instituições financeiras devem garantir que os clientes estejam cientes delas, isso serve para fornecedores e prestadores de serviço também.

Essa é uma obrigatoriedade que é cobrada pelas instituições reguladoras, como as Bandeiras e isso é feito com *assessments* anuais.

COAF - CONSELHO DE CONTROLE DE ATIVIDADES FINANCEIRAS

O Conselho de Controle de Atividades Financeiras (COAF) é uma unidade de inteligência financeira do Governo Federal. Sua atuação é voltada para a prevenção e combate à lavagem de dinheiro.

Anualmente, são recebidos pelo COAF mais de 6 mil pedidos de informações pelas autoridades nacionais. Além disso, também são realizadas trocas de informações com outras unidades de inteligência financeira no exterior.

Para isso, ele conta com uma extensa base de dados que reúne todas as operações financeiras e transações que, por lei, precisam ser comunicadas por integrantes do Sistema Financeiro Nacional, como os bancos e outras instituições financeiras.

Desde o final de 2017, os bancos, sobretudo os bancos comerciais, são obrigados a comunicar previamente ao COAF todas as operações em espécie, como saques e depósitos, realizadas em um valor acima de R$ 50 mil. Nesse caso, a informação contém, inclusive, a identificação dos clientes.

Já para as transferências, não existe um limite fixo, mas o valor de R$ 10 mil costuma ser uma referência para a verificação das características da transação.

Os bancos e instituições financeiras que descumprirem os procedimentos do COAF ficam sujeitos a advertências, à multa, à inabilitação temporária ou até mesmo à cassação da autorização de exercício da atividade.

O que vem por aí?

GLOSSÁRIO

∽

- **Adquirente ou credenciadora:** O nome tanto faz, pois os dois são utilizados, é uma instituição de pagamento que opera com autorização do Banco Central (BC). Por exemplo: sabe o nome que vai na maquininha do cartão? Pois é sobre ela que estamos falando! Antigamente, eram poucas, mas hoje têm várias! Os clientes dessas empresas são os estabelecimentos.
- **Bandeira:** Essa empresa também opera por licença do Banco Central e é responsável pelas regras de funcionamento e operacionalização do arranjo de pagamentos. A bandeira administra a relação entre banco e credenciadora. <u>Detalhe importante</u>: a bandeira não fica responsável por processar as transações, somente permite que as operações ocorram. A bandeira é aquele nome que vem no seu cartão, por exemplo: Visa ou MasterCard.
- **Bandeiras:** Bandeiras são empresas responsáveis pela infraestrutura técnica e regras de processamento dos

pagamentos e dos estornos, inclusive para países diferentes. A bandeira facilita que um cartão emitido no Brasil possa ser usado também nos EUA, por exemplo.

- **Adquirência**: Adquirência é uma empresa que oferece tecnologia para estabelecimentos comerciais aceitarem diferentes formas de pagamentos, como cartões de crédito e débito. Essas empresas vendem ou alugam máquinas, além de possuírem serviços que permitem o pagamento *online*. Esse texto não deveria estar no 1º parágrafo?
- **Automação comercial**: Automação comercial é um sistema que automatiza o gerenciamento de estabelecimentos comerciais. Muitas automações são criadas segmentadas para cada tipo de negócio, como, por exemplo, sistema de automação comercial especificamente para padarias, supermercados e restaurantes.
- **Autorização**: Autorização é o processo em que a Bandeira e o emissor recebem e verificam os dados capturados pela adquirência e aprovam ou não a realização do pagamento a partir da análise do contexto e do valor disponível para o consumidor, entre outros aspectos.
- **Captura:** Captura é o processo em que a informação de um meio de pagamento é registrada e transmitida de forma segura para bandeira e emissor a fim de que eles façam a autorização do pagamento. A captura pode ser feita de forma física com terminal de pagamento ou digitalmente com *gateways*.
- **Carteiras digitais**: Carteiras digitais são serviços que reúnem dados dos meios de pagamento de um consumidor para uso mais rápido e simples. As carteiras digitais reúnem dados de um ou mais cartões de crédito de

uma pessoa, facilitando e tornando seu uso mais seguro em sites de *e-commerce*, por exemplo.

- **Chargeback**: Chargeback é uma ação de estorno de um valor para o consumidor a partir da contestação dele sobre a operação. Desse modo, a venda é cancelada e o valor é devolvido ao consumidor pelo sistema financeiro.
- **Checkout**: *Checkout* é o momento em que um consumidor finaliza sua compra e informa o endereço para envio dos itens (quando aplicável) e os dados do meio de pagamento. Ele acontece tanto física quanto digitalmente, mas é usado para se referir a compras *online*.
- **Conciliação bancária**: Conciliação bancária é o momento em que o estabelecimento comercial compara e verifica se o extrato da sua conta bancária bate com o relatório de vendas da adquirência. Se acontecerem diferenças entre os valores, é importante entender o que causou o desvio.
- **Consumidor**: Consumidor é um cliente comprador, ou seja, é parte que faz os pagamentos a partir das compras que realiza em um estabelecimento comercial.
- **Domicílio bancário**: Domicílio bancário é o banco onde o estabelecimento comercial mantém uma conta corrente para receber os valores de suas vendas.
- **Emissor:** Emissor é uma empresa que emite um meio de pagamento para seus clientes. Esse meio de pagamento pode ser um cartão de débito, de crédito, carnês ou outros. Os maiores emissores atualmente são bancos, mas outros estabelecimentos comerciais podem ter seus próprios meios pagamentos.
- **Emissor ou Banco emissor:** É a instituição responsável pela emissão dos cartões de crédito ou débito.

• **Estabelecimentos:** Lugar (físico ou on-line), onde o cliente vai fazer as compras.

• **Estabelecimento comercial**: Estabelecimento comercial é a organização ou a pessoa que recebe pagamentos a partir das vendas que realiza para os consumidores.Não estaria errada essa definição?

• **Fraude**: Fraude é qualquer ato ou esquema que busca obter ganhos ilícitos para uma parte em detrimento dos demais, inclusive se valendo de ações criminosas ou ilegais que terminam por enganar ou prejudicar outras pessoas e empresas.

• *Gateway* **de pagamento**: *Gateway* de pagamento é um sistema que permite um estabelecimento comercial receber pagamentos online. O Gateway está inserido no momento do checkout e se conecta com a adquirência para processar o pagamento.

• **Intercâmbio** (*interchange*):Intercâmbio é a taxa paga para o emissor do cartão. A taxa é cobrada por transação e é estabelecida com base em diversas variáveis como, por exemplo, o tipo de cartão. Esse valor compõe a taxa total cobrada do estabelecimento comercial pela adquirência.

• **KYC (***KnowYourCustomer*** – Conheça Seu Cliente):** KYC é um conjunto de políticas, gerenciamento de risco, monitoramento de transações e processos para cadastro e identificação de usuários que garantem a identidade e a idoneidade do cliente, evitando roubo de identidade, fraude, lavagem de dinheiro e financiamento ao terrorismo.

• **MCC (***Merchant CategoryCode*** – Código de Categoria de Comerciante):** MCC é um código atribuído pela Bandeira utilizado para classificar e segmentar negócios. Além de informar o ramo ou área de atuação, esse código também define algumas regras e taxas de cobrança específicas.

- **MDR (*Merchant Discount Rate* – Taxa de Desconto do Comerciante):** MDR é a taxa administrativa cobrada pela adquirência pelo uso dos seus sistemas e tecnologias. A taxa é cobrada por transação e costuma ser usada para sustentar a evolução dos serviços, garantindo velocidade e segurança para os pagamentos capturados.
- **Modelo 4 Partes**: Modelo de 4 Partes é um termo usado para definir o sistema que conecta adquirência, consumidores, estabelecimentos comerciais e emissores, sendo normalmente gerenciado por uma bandeira. É por meio desse sistema que um pagamento pode acontecer entre essas quatro partes.
- **P2P (*Peer-to-peer* – Ponto-a-ponto)**: P2P no contexto de meios de pagamento é um termo usado para a transferência de valores entre duas pessoas sem a presença de uma instituição financeira. Um exemplo P2P são plataformas de empréstimos, onde uma pessoa pode emprestar dinheiro para outra sem a presença de um banco.
- **Pagamento recorrente**: Pagamento recorrente pode ser entendido como a assinatura de um serviço, ou seja, é uma modalidade de cobrança que se repete periódica e automaticamente. Essa periodicidade pode alterar de acordo com cada negócio, podendo ser quinzenal, mensal, semestral, anual ou outras.
- **PDV (Ponto de Venda):** PDV resume à reunião de equipamentos e *softwares* usados para realizar uma opera-

ção de venda. No caso de grandes estabelecimentos comerciais, por exemplo, isso pode significar a somatória de automação comercial com TEF, Pin Pad, computador e leitor de códigos de barras.

• **PCI DSS (*Payment Card Industry Data Security Standards* ou Padrão de Segurança de Dados da Indústria de Cartões de Pagamento)**: PCI DSS é padrão de segurança composto por vários procedimentos e requerimentos que protegem os dados das pessoas e reduzem riscos de fraudes e invasões.

• **Portador(a)**: O nome é técnico, mas basicamente representa o cliente, ou seja, quem utiliza o cartão de crédito ou débito para pagar as compras.

• **Subadquirente**: Subadquirente é uma empresa que oferece serviços para gerenciar a relação entre adquirência, Bandeira, estabelecimentos comerciais e consumidores. Essas empresas costumam oferecer serviços adicionais e simplificados, porém cobram um valor maior que o uso direto de uma adquirência.

• **Taxa de autorização**: Taxa de autorização é uma equação entre o número de transações aprovadas versus transações negadas. Quanto mais alta a taxa de transação, maior a quantidade de vendas realmente realizadas e maior entrada de dinheiro para o estabelecimento comercial.

• **TEF (Transferência Eletrônica de Fundos)**: TEF é um sistema que conecta um Pin Pad com uma automação comercial. É por meio dele que é possível uma comunicação automática entre o que é digitado no computador do caixa com o terminal de pagamento e vice-versa.

- **Terminal de pagamento**: Terminal de pagamento é um equipamento utilizado para capturar dados de pagamento do consumidor e transmiti-los de forma segura. Os terminais de pagamento capturam, registram e transmitem esses dados, mas a aprovação do pagamento em si cabe ao emissor e a Bandeira.
- **Terminal de pagamento tipo leitor**: Terminal de pagamento do tipo leitor é um equipamento dotado de segurança para capturar os dados de pagamento, mas não consegue transmiti-los sozinho. Para isso, normalmente, é usado um celular com acesso à internet como apoio.
- **Terminal de pagamento – Pin Pad** (*Personal Information Number – PeripheralAdapter Device*): Terminal de pagamento do tipo Pin Pad é um equipamento que trabalha com TEF e automação comercial. Ele não faz transmissão dos dados sozinho, usando o sistema de TEF ou da automação comercial para isso.
- **Terminal de pagamento – POS** (*Point of Sale*): Terminal de pagamento do tipo POS é um equipamento que consegue capturar dados de pagamento de forma segura e transmiti-los, também, sem precisar de outros dispositivos. O POS já vem com conexão *WiFi* e/ou com operadoras de telefonia e, por isso, consegue trabalhar de forma autônoma.
- **Token**: *Token* é um código criado uma única vez por ação e serve para garantir a segurança e a agilidade no pagamento. Com o *token*, o cliente não precisa informar todos os dados de segurança repetidas vezes e, mesmo assim, mantém um alto nível de proteção sobre seus dados.

- **Transação**: Transação é a operação realizada entre um consumidor e o estabelecimento comercial. A transação pode ser aprovada quando tudo estiver certo, ou negada, se algo estiver inconsistente ou apresentar risco de ser fraude.
- **Venda presencial**: Venda presencial é o processo de venda e pagamento realizado com o cliente presente.
- **Venda *online***: Venda *online* é o processo de venda e pagamento realizado com o cliente não presente como, por exemplo, em *sites* de *e-commerce*.
- ***Voucher***: É um cartão benefício disponibilizado pelos empregadores aos funcionários para compra de produtos específicos como, por exemplo, refeição, combustível e transporte público.

DOS AUTORES

ADRIANA FELIPPE PEREIRA

Graduada em Administração pela Universidade Santa Cecília dos Bandeirantes, com MBA em Gestão Empresarial e MBA em Gestão Financeira, Controladoria e Auditoria, ambos pela FGV – Strong. Carreira desenvolvida na área financeira de empresas nacionais e multinacionais de grande porte, nos setores: metalúrgico, agronegócio, têxtil e de bebidas. Os últimos 17 anos foram dedicados à indústria de meios de pagamento, tendo expertise em regras e tarifas de bandeiras, projetos de controladoria, gestão de custos e planejamento financeiro.

ALTAIR L. RIBEIRO

Profissional com a carreira desenvolvida em Tecnologia da Informação em empresas do setor de meios de pagamento, financeiro, saúde, química e prestadoras de serviços de tecnologia. Com mais de 25 anos de experiência atuando em desenvolvimento, arquitetura, qualidade e métricas de software, governança de TI e soluções sistêmicas.MBA em Governança de TI e Ciência de Dados pela FIAP e, pós-graduado em Métodos Ágeis.

ANDREW DOS SANTOS BARROS

Formado em Ciências da Computação pela Universidade Anhanguera, tem experiência de 14 anos no mercado de meios de pagamento e, atualmente, atua como Consultor de Pagamentos na Bandeira Elo. Durante sua carreira, Andrew atuou em diferentes segmentos e empresas, como adquirentes, processadora, marketplace e bandeira do mercado brasileiro, atuando como Coordenador de Operações, Risco, Segurança da Informação, Compliance e Consultoria com vivência em Empresas multirregionais e culturais; já liderou grandes equipes.

CLAUDIA MARIA DE ANDRADE RIBEIRO

É uma das autoras da obra. Formada em Ciência da Computação pela Universidade Federal de Viçosa, com MBA em Governança de TI pela Universidade Federal de Lavras. Apaixonada pelo mercado de meios de pagamento e por tecnologia, com experiência de 20 anos na indústria de adquirência e serviços financeiros, atuando com desenvolvimento de software, governança de TI, gestão de projetos, transformação digital, agilidade e arquitetura enterprise.

DANIELA MARIA LOPES NERY

Há 26 anos trabalhando no segmento de meios de pagamento. Transitou por diversas áreas, como Logística, Backoffice e Riscos, mas foi em Relacionamento com bandeiras que encontrou sua verdadeira paixão. Formada em Processamento de Dados pela Universidade Presbiteriana Mackenzie, com pós em Gerenciamento Empresarial na Uniban, uniu essas características para decifrar e se aprofundar nas regras das principais bandeiras do mercado. Tornou-se referência nesse segmento; transmitir esse conhecimento que vem desenvolvendo há anos é seu maior objetivo.

FRANCISCO L. B. MEDINA

Com formação acadêmica em Processamento de Dados pela Universidade Estadual de São Paulo (UNESP), MBA em Gerenciamento de Projetos pela Fundação Getúlio Vargas e MBA em Análise de Sistemas pela Escola Técnica Estadual de São Paulo, com duas certificações em Cloud pela AWS, desenvolveu sua carreira em empresas de grande porte nacionais e internacionais. Com mais de 30 anos em experiência na área de TI, dedicou 20 deles ao segmento de meios de pagamento, com passagens em várias áreas, além de TI.

KAREN COSTA BIANCO

Apaixonada pela evolução em meios de pagamento. Formada em Administração e pós-graduada em Gestão de Negócios pela FAE – Business School – Curitiba – PR. MBA em Gestão de Negócios e Projetos pela FIA e Post MBA em Neurobusiness na FGV-SP. Especialista em Design Thinking e Comunicação não Violenta. Atualmente, faz MBA em Gestão de Marketing e Growth na PUC-RS. Iniciou em meios de pagamento na área de fraudes, mas foi na área de Relacionamento com Bandeiras que realmente se encontrou. Gostar de ler, gostar de entender como as coisas funcionam e como o mecanismo gira fez com que se tornasse referência na legislação do setor, conhecendo como cumprir todas as regras, mas com o viés de produto. Acredita que ninguém pode trabalhar com o que não conhece e admira.Por isso, passar conhecimento é uma de suas metas pessoais.

LEANDRO GOMES DA SILVA

Graduado em Administração e Pós--graduado em Gestão de Negócios pela Universidade Cidade de São Paulo, com mais de 16 anos de experiência no mercado de meios de pagamentos atuando em planejamento comercial, operações e produtos. Vivencia a transformação da indústria de meios de pagamento em grandes empresas de adquirência, subadquirência e fintechs multirregionais.

MARIA HELENA CARDOSO

Pós-graduada em Gestão de Tecnologia da Informação, pela FIAP, com MBA em Liderança, Inovação e Gestão 4.0, pela PUC-RS. Carreira desenvolvida em tecnologia da informação em empresas do setor financeiro e de saúde. Mais de 20 anos de experiência atuando em frentes de desenvolvimento, gestão de projetos, portfólio, governança, agilidade e transformação digital.

LUIZ CLÁUDIO DOS SANTOS

Graduado em Matemática e Ciências da Computação na Universidade Santa Cecilia dos Bandeirantes, Pós-graduação em Tecnologia da Informação Aplicada a Internet na FIAP e MBA em General Management – IBMEC (INSPER). Profissional com carreira desenvolvida em empresas multinacionais e nacionais de grande porte na área de Desenvolvimento de Sistemas. Mais de 20 anos de expertise no mercado de meios de pagamento, processos de autorização dos produtos de cartões de débito, crédito, voucher e privatelabel.

ROBERTO SANCHES DEFENDI

Engenheiro mecânico formado pela Universidade Santa Cecília dos Bandeirantes, com especialização em Markteing e Négocio pela Strong-FGV. Experiência de 20 anos no mercado de meios de pagamento e, atualmente, atua como Principal Program Manager na ACI WorldWide. Defendi teve importante passagem por diferentes posições e áreas em adquirentes e bandeira do mercado brasileiro, atuou como head de Operações, Tecnologia e Produtos, ampla vivência na atuação em ecossistemas tecnológicos complexos, multirregionais e culturais e liderou equipe de diferentes tamanhos e níveis hierárquicos.

ÍNDICE REMISSIVO

Abecs – 19, 20, 58, 110.
Abertura –10, 44.
Adaptação – 9, 66.
Adquirente(s) – 7, 19, 22, 23, 26, 31, 37, 41, 43, 44, 46, 48, 52, 54, 57, 59, 60, 61, 62, 65, 66, 67, 68, 76, 77, 79, 86, 87, 95, 96, 97, 98, 99, 100, 101, 102, 104, 108, 109, 110, 111, 112, 113, 115,
Agenda – 97, 99, 100, 101, 102, 110, 111, 124.
American Express –15, 17, 20, 33.
Amex – 33, 38.
Arranjo(s) – 28, 29, 31, 34, 37, 38, 46, 57, 58, 65, 66, 83, 84, 85, 86, 95, 96, 102, 103, 104, 105, 106, 108, 109, 116, 117, 119, 121, 122, 123, 124, 125, 126, 128, 131.
Associação(ões) – 19, 58, 91, 110.
Assunto(s) – 10, 15, 43,
Ativação – 113, 114,
Autorização – 44, 46, 65, 66, 67, 75, 77, 78, 83, 84, 85, 86, 87, 125, 130, 131, 132, 136, 144.

Bamerindus – 17.
Banco Brasileiro de Descontos – 16.
Banco Nacional – 18.
Banco Real – 18.
Bandeira(s) – 16, 17, 18, 19, 21, 22, 23, 26, 29, 31, 32, 34,

35, 36, 37, 38, 39, 40, 41,
42, 44, 45, 46, 48, 51, 52,
53, 57, 58, 59, 65, 66, 67,
68, 69, 83, 84, 85, 86, 87,
88, 89, 91, 92, 96, 97, 98,
99, 101, 102, 103, 104, 108,
109, 110, 111, 119, 120,
126, 129, 131, 132, 135,
136, 137, 139, 140, 141,
142, 144.
Bank American Service Corporation – 16.
BCN – 17.
BIN – 32, 35, 36, 37, 45, 46, 66, 68, 88, 91.
Black list – 88
Bloomingdale, Alfred – 14.
Boavista – 17.
Boletim – 41.
Bradesco – 16, 17, 18, 46, 66.
Brasil – 9, 13, 16, 17, 18, 22, 27,
32, 33, 38, 46, 53, 54, 59,
66, 85, 97, 112, 121, 123,
124, 125, 127, 132.

Cartão de crédito – 13, 14, 15,
16, 17, 18, 19, 26, 29, 30,
31, 33, 44, 45, 50, 51, 63,
65, 70, 113, 123, 125, 127,
136.
Cartão de débito – 13, 17, 30, 83, 123, 133.

Chargeback – 43, 133.
Checkout – 50, 51, 133, 134.
China – 38.
Chip – 13, 21, 28, 70, 92, 93.
Cobranded – 68.
Código de Ética – 20.
Compliant – 40.
Conciliação – 86, 96, 110, 111, 117, 118, 133.
Congresso Brasileiro de Meios
    Eletrônicos de Pagamento
    – 20.
Continental Insurance Corporation –16.
Credicard – 18.

Data muro – 41
Diners Club International – 15, 33.
Discover Financial Services – 20.
Discover Financial Services
    (Morgan Stanley) – 20.
Domicílio – 67, 104, 105, 110, 122, 124, 133.
Dual Message – 75, 85.

Economia – 9.
Econômico (Banco) – 17.
Ecossistema(s) – 10, 19, 25, 27,
29, 31, 41, 44, 49, 52, 65,
107, 123.
ELO – 16, 17, 18, 34, 38, 91, 140.

Emissores – 13, 14, 17, 19, 23, 28, 32, 36, 38, 44, 66, 68, 69, 86, 87, 88, 101, 102, 104, 105, 107, 111, 120, 128, 133, 135.
EMV – Europay Master Visa Corporation – 21.
EPS (Empresa Prestadora de Serviço) – 52.
Estados Unidos da América – 14, 27, 33.
Exclusividade – 18, 22, 23, 66.

Fraude(s) – 27, 28, 46, 50, 53, 58, 59, 60, 70, 96, 108, 109, 110, 112, 115, 116, 134, 136, 138, 142.
Fraudulenta(s) – 43.

Gateway – 47, 48, 49, 50, 51, 62, 132, 134.

Infração – 43.
INN – 35.

JCB (Japonese Credit Bureau) – 33.
JCB International – 20.
Juros – 13, 19, 27, 28, 29.

Klabin, Horácio – 16.

KYC (Knowledge Your Customer) – 59, 60, 112, 134.

Lei nº 12.865/2013 – 28.
Liquidação – 22, 67, 84, 102, 103, 104, 106, 120, 122, 124.
Lojista – 45, 46, 48, 49, 50, 51, 54, 62, 93, 95, 97, 98, 100, 101, 111, 122, 123, 125, 126.
Luhn – 35.

MacNamara – 14, 15.
Magnética(s) – 21, 70, 93.
Marcas – 18, 92.
MasterCard – 16, 20, 21, 22, 26, 32, 36, 38, 77, 85, 91, 131.
Mastercard Internacional – 18.
MCC (Merchant Category Code) – 29, 58, 59, 88, 98, 109, 110, 134.
MDR (Merchant Discount Rate) – 41, 58, 67, 68, 97, 109, 111, 135.
Meio de pagamento – 60, 132, 133.
Moneysend – 40.

NFC – 21, 71.

Off us – 65, 66, 68.

ÍNDICE REMISSIVO | 147

On us – 65, 66.

P2P (Peer-to-peer) – 135.
Parcelamento – 27, 28, 29, 97.
PCI (Payment Card Industry) Security Standards Council – 20, 21, 136.
POS – 22, 26, 46, 54, 59, 60, 61, 62, 68, 112, 137.
Pré-pago – 30, 44, 45, 88, 89.
Private label – 66.
Processamento – 22, 49, 53, 54, 55, 95, 96, 97, 98, 99, 110, 111, 119, 120, 131.

QRcode – 63, 71, 130.

Range – 36, 37, 38, 45.
Redecard – 18, 22, 66.
Release(s) – 38, 39, 40, 41.
Rio de Janeiro – 17.
Roteiro – 119.

São Paulo – 17, 38.
Score – 88.
Shangai (Xangai) – 38.
Single Message – 75, 85.
Sistema bancário – 9, 17.
Suporte – 58, 117.

Tauber, Hanus – 16.

Tef – 59, 112, 118.
TEF dedicado – 61, 62.
The Diners Club – 15.
Time out – 87.
Transação – 10, 11, 13, 26, 27, 28, 30, 31, 35, 37, 41, 42, 44, 48, 49, 50, 54, 61, 65, 66, 67, 68, 69, 70, 75, 77, 78, 83, 84, 86, 87, 88, 93, 95, 96, 97, 98, 99, 100, 101, 110, 111, 113, 115, 119, 123, 129, 134, 135, 136, 138.
Treinamento – 113.

Unibanco – 18, 34.
UPI (Union Pay Internacional) – 34.

Validade – 53, 70, 83, 92.
Vencimento – 92.
Visa Inc – 20.
Visa Internacional – 18.
Visanet – 18, 22, 66.
Voucher – 21, 68, 100.

Wallets – 63.
White list – 88.

Xangai (Shangai) – 38.
Zao Chu – 38.

BIBLIOGRAFIA

∞

https://www.formasdepagamento.com/artigo/gateway-de-pagamento/

https://www.formasdepagamento.com/artigo/gateway-de-pagamento/

https://www.cartaoacredito.com/pre-autorizacao-no-cartao/https://pt.wikipedia.org/wiki/Gateway_de_pagamentohttps://www.cartaoacredito.com/pre-autorizacao-no-cartao/ (isso não deveria estar na Bibliografia?)

Do Escambo à Inclusão Financeira – A evolução dos meios de pagamento (Santos, Edson Luiz - Editora Linotipo Digital)

https://www.creditooudebito.com.br

https://www.abecs.org.br

https://pt.wikipedia.orghttps://www.abecs.org.brhttps://pt.wikipedia.org/wiki/ISO/IEC_7810

UM PAÍS SE FAZ COM
HOMENS E LIVROS.
Monteiro Lobato

ESTA OBRA FOI COMPOSTA PELA SPRESS EM BASKERVILLE (TEXTO) E FAIRPLAY (TÍTULO) E IMPRESSA EM PAPEL PÓLEN NATURAL 80G/M2 NO MIOLO E LAMINAÇÃO FOSCA E CARTÃO SUPREMO 250G/M2 NA CAPA PELA GEOGRÁFICA PARA A LINOTIPO DIGITAL EDITORA E LIVRARIA LTDA., NO OUTONO DE 2023